Dietmar Herrmann

Datenstrukturen in Pascal und BASIC

Programmieren von Mikrocomputern

Die Bände dieser Reihe geben den Benutzern von Heimcomputern, Hobbycomputern
bzw. Personalcomputern über die Betriebsanleitung hinaus zusätzliche Anwendungshilfen.
Der Leser findet wertvolle Informationen und Hinweise mit Beispielen zur optimalen
Ausnutzung seines Gerätes, besonders auch im Hinblick auf die Entwicklung eigener
Programme.

Bisher erschienene Bände

Band 1 **Einführung in BASIC**
von W. Schneider

Band 2 **Lehr- und Übungsbuch für die Rechnerserien cbm 2001 und cbm 3001**
von G. Oetzmann

Band 3 **BASIC für Fortgeschrittene**
von W. Schneider

Band 4 **Einführung in PASCAL**
von W. Schneider

Band 5 **Lehr- und Übungsbuch für die Rechnerserien cbm 4001 und cbm 8001**
von G. Oetzmann

Band 6 **BASIC-Programmierbuch zu den grundlegenden Ablaufstrukturen
der Datenverarbeitung**
von E. Kaier

Band 7 **Lehr- und Übungsbuch für Commodore-Volkscomputer**
von G. Oetzmann

Band 8 **Assembler-Programmierung von Mikroprozessoren (8080, 8085, Z 80)
mit dem ZX 81**
von P. Kahlig

Band 9 **Einführung in die Anwendung des Betriebssystems CP/M**
von W. Schneider

Band 10 **Datenstrukturen in PASCAL und BASIC**
von D. Herrmann

Band 11 **Programmierprinzipien in BASIC und PASCAL**
von D. Herrmann

Band 12 **Assembler-Programmierung von Mikroprozessoren (8080, 8085, Z 80)
mit dem ZX Spectrum**
von P. Kahlig

Programmieren von Mikrocomputern   Band 10

Dietmar Herrmann

Datenstrukturen in Pascal und BASIC

mit 12 Pascal- und 8 BASIC-Programmen

Herausgegeben von Harald Schumny

Friedr. Vieweg & Sohn   Braunschweig / Wiesbaden

ISBN 978-3-528-04263-9   ISBN 978-3-322-85480-3 (eBook)
DOI 10.1007/978-3-322-85480-3

1984

Das hierin enthaltene Programm-Material ist mit keiner Verpflichtung oder Garantie irgendeiner Art verbunden. Der Autor übernimmt infolgedessen keine Verantwortung und wird keine daraus folgende oder sonstige Haftung übernehmen, die auf irgendeine Art aus der Benutzung dieses Programm-Materials oder Teilen davon entsteht.

Satz: Vieweg, Braunschweig

Inhaltsverzeichnis

Vorwort

Wegen der starken Betonung von algorithmischen Verfahren in Literatur und Ausbildung ist die Darstellung von Datenstrukturen etwas in den Hintergrund getreten. Hinzu kommt, daß Programmiersprachen wie BASIC nur einige wenige Datentypen kennen. Dabei wird die Programmierung von Algorithmen ganz wesentlich von der Art der gewählten Datenstruktur mitbestimmt.

Im vorliegenden Band werden daher die wichtigsten Datentypen wie

— Felder
— Verbunde (Records)
— Mengen
— Listen
— Stacks
— Schlangen
— Bäume
— Graphen

vorgestellt und ihre Realisierung in Pascal und BASIC diskutiert. Dabei wird insbesondere auf die Eigenarten der beiden Programmiersprachen eingegangen.

In 20 Programmen — hauptsächlich aus dem nichtmathematischen Bereich — wird die vielfältige Anwendungsmöglichkeit dieser Datenstrukturen aufgezeigt, z. B.

— Hashsuche
— optimale Binärcodierung
— Serienaddierer
— Zigarettenautomat
— Stammbaum
— Entwicklung einer Waldpopulation
— Simulation einer Warteschlange

Einleitung

Es überrascht, daß es keine allgemein akzeptierte Definition für Datenstrukturen (engl. *data structures*) gibt (vgl. [7], [8]). Faßt man die der Datenstruktur zugrunde liegende Relationen als Kanten eines Graphs auf, so kann man natürlich jede Datenstruktur als gerichteten Graphen definieren (siehe [8]). Neuere Bestrebungen zielen darauf hin, Datenstrukturen abstrakt über Axiome zu definieren (*Liskov* und *Zilles* 1974, *Guttag* 1975). Einige Beispiele dazu werden im folgenden gegeben (siehe auch [2]). Allgemein gesprochen sind Datenstrukturen die Objekte, mit denen Algorithmen operieren. Die Operationen sind somit Ordnen, Sortieren, Durchsuchen, Speichern, Vergleichen usw.

Die Analyse und Entwicklung von Algorithmen standen in der Informatik bisher in Vordergrund, sowohl aus historischen Gründen wie auch als Folge der heutigen Ausbildung. „Dem gegenüber sind komplexe Datenstrukturen erst recht spät in den Blickpunkt des Interesses gerückt und Gegenstand wissenschaftlicher Untersuchungen geworden. Und dies, obwohl Algorithmen und Datenstrukturen einander gegenseitig bedingen: Jeder Algorithmus operiert auf gewissen Daten, und seine Formulierung wird wesentlich von deren Struktur bestimmt. Und umgekehrt sind Daten, die nicht von irgendwelchen Algorithmen bearbeitet werden können — zumindest aus der Sicht der Informatik — uninteressant" (zitiert aus [4]).

Ähnlich schreibt *Wirth* in [12]: „Es wurde klar, daß Entscheidungen über die Strukturierung der Daten nicht ohne Kenntnis der auf die Daten anzuwendenden Algorithmen getroffen werden konnten und daß umgekehrt die Struktur und Wahl der Algorithmen oft stark von der Struktur der zugrunde liegenden Daten abhängt." Dies bedeutet, die Programmerstellung und Datenstrukturierung sind zwei sich wechselseitig bedingende, nicht voneinander trennbare Probleme.

Mit den ersten höheren Programmiersprachen wie FORTRAN und ALGOL konnten alle bei numerischen Problemen anfallenden Datentypen — wie Gleitkommavariablen, Wahrheitswerte, mehrdimensionale Felder zur Darstellung von Vektoren und Matrizen — realisiert werden. Das 1960 für die nichtnumerische Datenverarbeitung entworfene COBOL brachte zwei neue Datentypen

— Zeichen (engl. *character*) und die darauf aufbauenden Zeichenketten (engl. *strings*)
— Verbunde (engl. *records*).

Die Programmiersprache LISP (*LISt Processing*) gestattete erstmals eine beliebige Manipulation von verketteten Strukturen, ohne jedoch explizit mit Zeigern zu arbeiten. Direkten Gebrauch von Zeigern ermöglichte zuerst die Programmiersprache PL/I (1964).

In Pascal wurden zum erstenmal Daten vom Aufzählungs-, Unterbereichs- und Potenzmengentyp zugelassen. Jedoch können für diese Typen keine eigenen Operationen definiert werden, wie dies z. B. in ALGOL 68 und ELAN der Fall ist.

Pascal kennt folgende Datentypen:

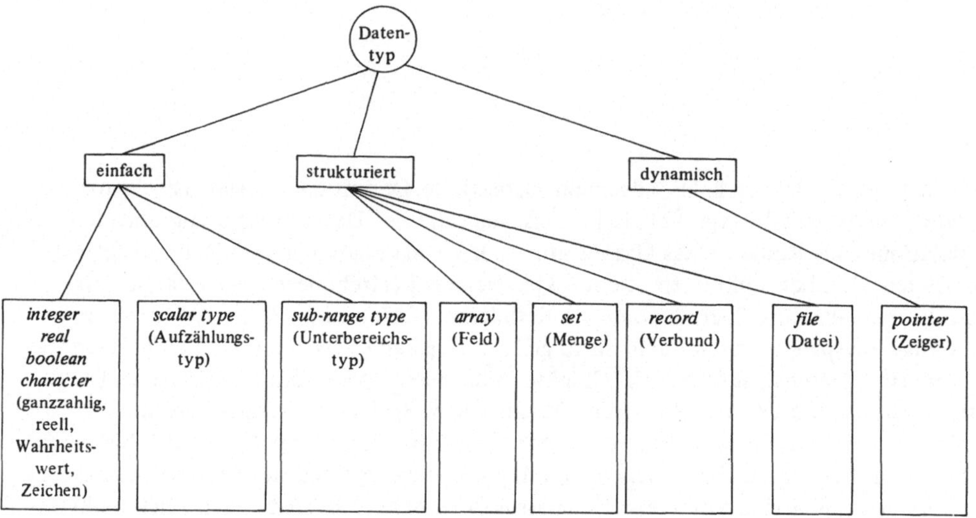

Daten vom Aufählungstyp können in Pascal vom Programmierer frei gewählt werden, z. B.:

> *type wochentag = (mo, di, mi, do fr, sa, so);*
> *type figur = (rechteck, quadrat, parallelogramm, kreis);*

ebenso Daten vom Unterbereichstyp wie

> *type jahr = 1900 .. 1999; monat = 1 ..12; tag = 1 .. 31;*
> *type buchstabe = 'a' .. 'z';*
> *type ziffer = '0' .. '9';*

Aus diesen einfachen Datentypen werden die strukturierten Datentypen aufgebaut:

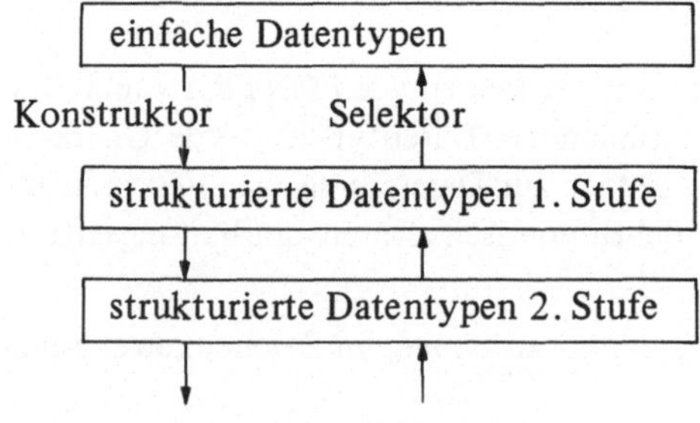

Beispiele sind

> *type matrix = array [1 .. 10, 1 .. 10] of real;*
> *type menge = set of integer;*
> *type komplex = record*
> > *realteil, imaginaer: real end;*

Insbesondere mit Hilfe von Zeigern lassen sich beliebig weitere Datentypen entwickeln, wie

    person = record
            name: string;
            jahrgang: integer;
            vater, mutter: ↑ person end;

In BASIC, dagegen, gibt es nur 4 Datentypen, sie werden durch die nachgestellten Zeichen %, $ und ( ) gekennzeichnet:

    reelle Zahlen: A, B, C, ...
    ganze Zahlen: A%, B%, C%, ...
    Zeichen bzw. Zeichenketten: A$, B$, C$, ...
    Felder: A(I), B%(I), C$(I), ...

Jedoch können diese Datentypen nicht immer konsequent verwendet werden. Bei den meisten BASIC-Dialekten ruft die Verwendung von ganzzahligen Variablen in Laufanweisungen wie

    FOR I% = 1 TO 100

eine Fehlermeldung hervor.

1 Aufzählungs- und Unterbereichstyp

1.1 Serienaddierer

Als Anwendung des Unterbereichstyps soll die Funktionsweise eines Serienaddierers in Pascal demonstriert werden. Die Informationseinheit 1 bit kann damit definiert werden mittels

type bit = 0 .. 1;

Entsprechend kann 1 byte als Feld von 8 bit angesehen werden. Da jedoch bei der Addition der Binärstellen der Übertrag der Summe mitgeführt werden muß, wird ein byte als

type byte = array [1 .. 9] *of bit*

vereinbart. Ein Serienaddierer addiert im Gegensatz zum Paralleladdierer die Binärstellen nacheinander. Er besteht aus einem Volladdierer (VA) und 3 Schieberegistern, in denen die Summanden und der Summenwert einbeschrieben wird (vgl. Abb. aus [3]):

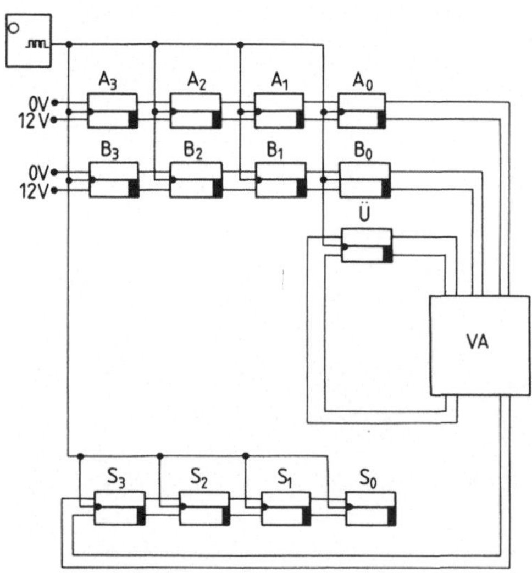

Der Volladdierer wird durch folgende Schaltfunktion realisiert

$$VA = \overline{X}\overline{Y}Z \lor \overline{X}Y\overline{Z} \lor X\overline{Y}\overline{Z} \lor XYZ$$

entsprechend der Übertrag durch

$$UE = YZ \lor XZ \lor XY$$

Volladdierer und Übertrag können in Pascal als Funktionen vereinbart werden, da Unterbereichstypen als Funktionswerte übergeben werden können

function volladd (x, y, z : bit): bit;
function uebertrag (x, y, z : bit): bit;

(vgl. Programm 1.1). Die Schaltfunktionen UND, ODER und NICHT können mit Hilfe der Booleschen Funktionen AND, OR und NOT in naheliegender Weise definiert werden. Die Funktion UND (X, Y, Z) hat genau den Wert 1, wenn gilt

$X = 1$ und $Y = 1$ und $Z = 1$,

sonst den Wert 0. Somit läßt sich UND vereinbaren als

function und (x, y, z : bit): bit;
var   u, v, w: boolean;
begin
u := x = 1; v := y = 1; w := z = 1;
if u and v and w then und:= 1
*   else und:= 0*
end;

Entsprechend ergeben sich die Funktionen ODER und NICHT. Formuliert man noch eine passende Eingabe- und Ausgabe-Prozedur, so erhält man das Pascal-Programm 1.1. Als *Beispiel* wurde folgende Summe berechnet

```
      a = 0 1 0 1 1 0 1 1 (=  91)
      b = 0 0 1 0 1 1 0 1 (=  45)
  a + b = 1 0 0 0 1 0 0 0 (= 136)
```

```
100 program serienaddierer(output);
110 type   bit=0..1;
120        byte=array[1..9] of bit;
130 var    a,b,summe,ue:byte;i:1..8;
140 function und(x,y,z:bit):bit;
150 var    u,v,w:boolean;
160 begin
170 u:=(x=1);v:=(y=1);w:=(z=1);
180 if u and v and w then und:=1 else und:=0
190 end;
200 function oder(x,y,z:bit):bit;
210 var    u,v,w:boolean;
220 begin
230 u:=(x=1);v:=(y=1);w:=(z=1);
240 if u or v or w then oder:=1 else  oder:=0
250 end;
260 function nicht(x:bit):bit;
270 var    u:boolean;
280 begin
290 u:=(x=1);
300 if u then nicht:=0 else nicht:=1
310 end;
320 function volladd(x,y,z:bit):bit;
330 var      h:bit;
340 begin
```

```
350 h:=oder(und(nicht(x),nicht(y),z),und(nicht(x),y,nicht(z))
360          ,und(x,nicht(y),nicht(z)));
370 volladd:=oder(h,und(x,y,z),0)
380 end;
390 function uebertrag(x,y,z:bit):bit;
400 begin
410 uebertrag:=oder(und(1,y,z),und(x,1,z),und(x,y,1))
420 end;
430 procedure eingabe;
440 var  i:1..8;
450 begin
460 writeln('Gib 1.Summand ein');
470 for i:=1 to 8 do read(a[i]);
480 writeln('Gib 2.Summand ein');
490 for i:=1 to 8 do read(b[i])
500 end;
510 procedure ausgabe;
520 var   i:1..8;
530 begin
540 for i:=1 to 8 do write(summe[i]:2);writeln
550 end;
560 begin
570 eingabe;
580 ue[9]:=0;
590 for i:=8 downto 1 do
600      begin
610      summe[i]:=volladd(a[i],b[i],ue[i+1]);
620      ue[i]:=uebertrag(a[i],b[i],ue[i+1])
630      end;
640 ausgabe
650 end.


0 1 0 1 1 0 1 1
0 0 1 0 1 1 0 1

1 0 0 0 1 0 0 0
```

1.2 Zigarettenautomat

Neben Rechenmaschinen können auch andere Automaten durch Programme simuliert werden. Als Anwendung des Aufzählungstyps wird ein Zigarettenautomat behandelt.

Ein Automat ist ein System, das aufgrund einer Eingabe, in Anhängigkeit von seinem jeweiligen Zustand, mit einer Ausgabe reagiert. Abstrakt kann ein Automat als ein Sechstupel

$$(E, A, Z, f, g, z_0)$$

definiert werden, dabei ist

E die Menge der Eingabewerte
A die Menge der Ausgabewerte
Z die Menge der Zustände

$f: E \times Z \rightarrow Z$ die Überführungsfunktion
$g: E \times Z \rightarrow A$ die Ergebnisfunktion
$z_0 \in Z$ der Anfangszustand.

Mögliche Eingabewerte für einen Zigarettenautomaten sind

> Münzeinwurf M
> Warenfach ziehen W
> Geldrückgabeknopf drücken R

Ist der Automat zur Ausgabe von Waren oder Geld bereit, so heißt sein Zustand aktiv, andernfalls neutral. Zur vollständigen Beschreibung aller Reaktionen des Automaten ist es sinnvoll, die Ausgabe "Nichts tun N" zuzulassen, wenn z. B. kein Geld eingeworfen wurde. Es ergeben sich damit folgende Ausgabewerte

> Zigaretten ausgeben Z
> Geld zurückgeben G
> Nichts tun N

Die Funktion eines Automaten kann entweder durch die Automatentafel oder durch den Zustandsgraphen beschrieben werden.

Eingabe Zustand vorher	M	W	R
neutral	aktiv, N	neutral, N	neutral, N
aktiv	aktiv, N	neutral, Z	neutral, G

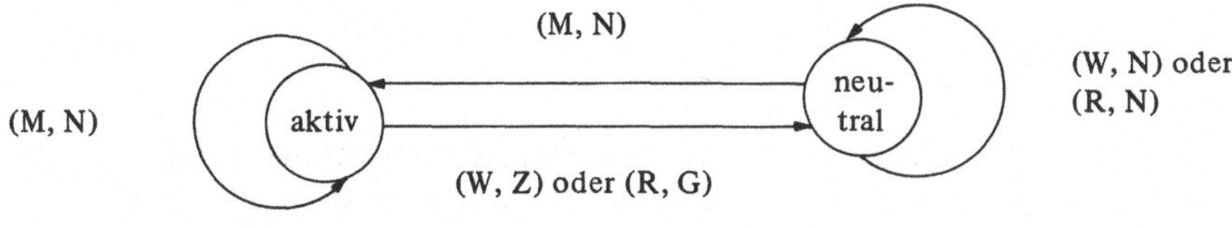

Zustandsgraph

Eine ausführliche Diskussion eines Zigarettenautomaten findet sich in [11]. Jedoch reagiert dort der Automat in einem Punkt anders: Folgt nämlich auf einen Geldeinwurf ein zweiter, so wird automatisch das Geld zurückgegeben.

Eingabe-, Ausgabe- und Zustandswerte können in Pascal bequem als Variablen vom Aufzählungstyp definiert werden durch

```
type eingabe = (münze, wareziehen, rückknopf);
     zustand = (neutral, aktiv);
     ausgabe = (zigaretten, geld, nichts);
```

Die Überführungsfunktion kann ebenfalls als Funktion vereinbart werden. Wie man der Automatentafel entnimmt, ist der Folgezustand des Automaten genau dann aktiv, wenn vorher ein Münzeinwurf erfolgt ist. Somit läßt sich formulieren

```
function folgezustand (eing: eingabe): zustand;
begin
if eing = münze then folgezustand:= aktiv
                else folgezustand:= neutral
end;
```

Wie ebenfalls aus der Automatentafel ersichtlich, reagiert der Automat in 4 Fällen mit Nichtstun, in zwei Fällen mit Geld- bzw. Zigarettenausgabe. Dies kann formuliert werden als

> *function reaktion (eing: eingabe; zust: zustand): ausgabe;*
> *begin*
> *reaktion := nichts;*
> *if zust = aktiv then case eing of*
> > *münze: ;*
> > *wareziehen: reaktion := zigaretten;*
> > *rückknopf: reaktion := geld*
> > *end*
>
> *end;*

Die Prozedur *herausgabe* gibt den entsprechenden Kommentar aus. Die Eingabe erfolgt ebenfalls über eine entsprechende Prozedur

> *function aktion: eingabe;*
> *var wahl: char;*
> *begin*
> *read (wahl);*
> *case wahl of*
> > *'m' : aktion := münze;*
> > *'w' : aktion := wareziehen;*
> > *'r' : aktion := rückknopf;*
> > *'e' : goto 111 end*
>
> *end*

Das Programm springt daher bei Eingabe von *'e'* zum Ende. Betrachtet man das folgende Programm, so zeigt sich, daß sich Programme mit Variablen vom Aufzählungstyp weitgehend selbst erklären. Ein Nachteil dieser Variablen ist, daß sie nicht direkt ausgedruckt werden können; dies muß vielmehr über eine geeignete CASE ... OF-Anweisung geschehen.

```
100  program zigarettenautomat(input,output);
110  label 111;
120  type   eingabe=(muenze,wareziehen,rueckknopf);
130         zustand=(neutral,aktiv);
140         ausgabe=(zigaretten,geld,nichts);
150  var    reiz:eingabe;ergebnis:ausgabe;
160         aktuellzust:zustand;
170  function aktion:eingabe;
180  var    wahl:char;
190  begin
200  read(wahl);
210  case wahl of
220         'm':aktion:=muenze;
230         'w':aktion:=wareziehen;
240         'r':aktion:=rueckknopf;
250         'e':goto 111 end
260  end;
```

```
270 function reaktion(eing:eingabe;zust:zustand):ausgabe;
280 begin
290 reaktion:=nichts;
300 if zust=aktiv then case eing of
310                    muenze:;
320                    wareziehen:reaktion:=zigaretten;
330                    rueckknopf:reaktion:=geld end
340 end;
350 function folgezustand(eing:eingabe):zustand;
360 begin
370 if eing=muenze then folgezustand:=aktiv
380                 else folgezustand:=neutral
390 end;
400 procedure herausgabe(ausg:ausgabe);
410 begin
420 case ausg of
430     zigaretten:writeln('Hier Ihre Zigaretten');
440     geld:writeln('Hier Ihr Geld zurueck');
450     nichts:end
460 end;
470 begin   (* Hauptprogramm *)
480 writeln('Geben Sie ein:');
490 writeln('m ........ Muenzeinwurf');
500 writeln('w ........ Warenfach ziehen');
510 writeln('r ........ Rueckgabeknopf druecken');
520 writeln('e ........ Ende');
530 aktuellzust:=neutral;
540 repeat
550     reiz:=aktion;
560     ergebnis:=reaktion(reiz,aktuellzust);
570     herausgabe(ergebnis);
580     aktuellzust:=folgezustand(reiz);
590 until false;
600 111:end.
```

2 Menge

Ein weiterer Pascal-eigener Datentyp ist die Menge

type menge = set of 1 .. 100
type vokal = set of ['a', 'e', 'i', 'o', 'u']

Mengen werden durch rechteckige Klammern gekennzeichnet; so stellt [ ] die leere Menge dar. Es sind folgende Mengenoperationen möglich

+ Mengenvereinigung
− Restmengenbildung
* Schnittmengenbildung
in prüft auf Elementeigenschaft
< = prüft auf Teilmengeneigenschaft

Die maximal mögliche Elementezahl ist compilerabhängig; bei dem hier verwendeten TCL-Pascal-Compiler sind 127 Elemente möglich. Leider können Mengen in Pascal nicht direkt ausgedruckt werden. Die Ausgabe muß vielmehr über eine Laufanweisung erfolgen, in der jeweils auf Elementeigenschaft geprüft wird:

for k := 1 to max do
    if k in menge then write (k);

2.1 Potenzmenge

Zur Demonstration der Mengenoperationen wird im folgenden ein Pascalprogramm zur Berechnung der Potenzmenge von $\{1, 2, 3, ..., n\}$ gegeben. Der Algorithmus wird durch folgendes Struktogramm beschrieben:

Der Algorithmus kann als Backtracking-Verfahren angesehen werden: Durch Wegnehmen einzelner Elemente werden alle möglichen Teilmengen erzeugt. Ist ein Wegnehmen nicht mehr möglich, so wird das nächst kleinere Element in die Menge aufgenommen, und der Vorgang beginnt von neuem. Das Verfahren endet, wenn alle Zahlen 1, 2, ..., n der Menge vereinigt sind.

Potenzmenge		
Eingabe "Zahl der Elemente"; n		
menge := [ ]		
wieder-hole	ausgabe (menge)	
	i := n	
	solange i > 0 und i ϵ menge	
	wieder-hole	menge := menge − [i]
		i := i − 1
	menge := menge + [i]	
bis menge = [1 ... n]		
ausgabe (menge)		

Das Pascalprogramm 2.1 zeigt die Potenzmenge von $\{1, 2, 3, 4\}$.

```
100 program potenzmenge(input,output);
110 const max=127; (* Max.Elementezahl*)
120 type   element=1..max;
130        grundmenge=set of element;
140 var    i,n:element;
150        menge:grundmenge;
160 (*                                    *)
170 procedure ausgabe(m:grundmenge);
180 var    k:element;
190 begin
200      write('  [');
210      for k:=1 to max do
220          if k in m then write(' ',k:1,' ');
230          writeln(']')
240 end;
250 (*                                    *)
260 begin (*Hauptprogramm *)
270      menge:=[];
280      writeln('Wieviele Elemente?');
290      read(n);
300      repeat
310          ausgabe(menge);
320          i:=n;
330          while (i>0) and (i in menge) do
340              begin
350              menge:=menge-[i];
360              i:=i-1
370              end;
380          menge:=menge+[i]
390      until menge=[1..n];
400      ausgabe(menge)
410 end.
```

```
[]             [2 ]           [1 ]           [1 2]
[4 ]           [2 4]          [1 4]          [1 2 4]
[3 ]           [2 3]          [1 3]          [1 2 3]
[3 4]          [2 3 4]        [1 3 4]        [1 2 3 4]
```

2.2 Balkenwaage

Eine weitere schöne Anwendung des Mengentyps zeigt das Programm Balkenwaage. Es ermittelt, durch ein ähnliches Verfahren wie bei der Potenzmengenbestimmung, den Wägebereich einer Balkenwaage bei ganzzahligen Gewichtstücken. Für jede Wägemöglichkeit bestimmt das Programm alle möglichen Kombinationen, indem es jedes neuhinzukommende Gewichtstück einmal auf die linke bzw. rechte Waagschale legt. Vereinbart man die Kombinationen als Menge, so läßt sich das Hinzufügen von Kombinationen als Mengenvereinigung formulieren

$$komb := komb + [i + gewicht] + [abs\,(i\text{-}gewicht)]$$

dabei durchläuft i alle bisher gefundenen Wägemöglichkeiten

for i := 0 to n do
    if i in wägemögl then ...

Durch die Anweisung

wägemögl := wägemögl + komb

wird die Menge der Wägemöglichkeiten auf den neuesten Stand gebracht. Die eben genannten Anweisungen können zu einer Prozedur *kombinationaufstellen* zusammengefaßt werden, die jeweils bei Eingabe eines weiteren Gewichtstücks aufgerufen wird.

Zusammen mit einer geeigneten Ausgabe-Prozedur ergibt sich damit das Pascalprogramm 2.2.

Als Programmbeispiel wird der Wägebereich der Gewichtsstücke

1, 3, 9, 27

bestimmt. Es ergibt sich hier das etwas überraschende Ergebnis, daß alle ganzzahligen Gewichte von 0 bis 40 abgewogen werden können. Die entsprechende Rechenaufgabe findet sich bereits in dem Buch "Liber abaci" von *Leonardo von Pisa*, genannt *Fibonacci*, aus dem Jahr 1202.

In Programmiersprachen, die nicht den Datentyp Menge kennen, können Mengen durch Felder dargestellt werden. Gehört die positive Zahl i zur Menge, so setzt man A(I) gleich 1, andernfalls 0. Für negative Zahlen müssen die Indizes transformiert werden.

```
100 program balkenwaage(input,output);
110 const   n=100;
120 type    waegbereich=set of 0..n;
130 var     gewicht:integer;
140         waegmoegl:waegbereich;
150 procedure ausgabe;
160 var   k:integer;
170 begin
180     for k:=0 to n do
190     if k in waegmoegl then write(k:3)
200 end;
210 (*                                    *)
220 procedure kombination_aufstellen;
230 var   i:integer;komb:waegbereich;
240 begin
250 komb:=[];
260 for i:=0 to n do
270 if i in waegmoegl then komb:=komb+[i+gewicht]+[abs(i-gewicht)];
280 waegmoegl:=waegmoegl+komb
290 end;
300 (*                                    *)
310 begin  (* Hauptprogramm *)
320 writeln('Gib Gewichtsstuecke ein! Ende=0');
330 waegmoegl:=[0];
340 repeat
350     read(gewicht);
360     kombination_aufstellen;
370 until gewicht=0;
380 ausgabe
390 end.
```

```
  1   3   9  27   0
  0   1   2   3   4   5   6   7   8   9 10 11 12 13 14 15 16 17 18 19 20
 21  22  23  24  25  26  27  28  29  30 31 32 33 34 35 36 37 38 39 40
```

3 Verbund

Während in Feldern nur gleichartige Daten wie reelle Zahlen oder Zeichen zusammengefaßt werden können, können in einem Verbund (engl. *record*) verschiedenartige Daten kombiniert werden

```
type datum      = record
                    tag: 1 .. 31;
                    monat: 1 .. 12;
                    jahr: 1900 .. 2000 end;

type person     = record
                    name: string;
                    geburtsdatum: datum;
                    geschlecht: (männlich, weiblich);
                    wohnort: string;
                    postleitzahl: integer
                    end;
```

Wie am letzten Beispiel ersichtlich, finden Verbunde insbesondere in der nichtnumerischen Datenverarbeitung Anwendung. Die Komponenten eines Verbunds können einzeln angesprochen werden (Selektor)

```
datum.tag := 30;
person.name := 'pascal blaise'
```

Im numerischen Bereich werden Records hauptsächlich zur Darstellung von Koordinaten

```
type polarkoord = record
                    radius, phi : real end;
```

oder von komplexen Zahlen

```
type komplex = record
                 re, im : real end;
```

verwendet. Als Anwendungsbeispiel wird im folgenden das komplexe Hornerschema gegeben.

3.1 Komplexes Hornerschema

Analog zum Reellen kann das Hornerschema im Komplexen formuliert werden:

```
p := a [n];
for i := n − 1 downto 0 do
        begin
        komplexmult (p, z, p);
        komplexadd (p, a [i], p)
        end;
```

Dabei ist n der Polynomgrad, z das Argument und p der Polynomwert. Die Koeffizienten müssen als komplexes Feld vereinbart werden:

> *koeff : array [o .. n] of komplex*

Die komplexe Addition und Multiplikation müssen durch entsprechende Prozeduren vereinbart werden:

> *procedure komplexadd (x, y:komplex; var z: komplex);*
> *begin*
> > *z.re := x.re + y.re;*
> > *z.im : = x.im + y.im*
> *end;*
> *procedure komplexmult (x, y:komplex; var z; komplex);*
> *begin*
> > *z.re := x.re * y.re − x.im * x.im;*
> > *z.im := x.re * y.im + x.im * y.re*
> *end;*

Dabei wird bei beiden Prozeduren der berechnete Wert über einen Variablen-Parameter an das Hauptprogramm übergeben. Da es sich hier nicht um einfache Datentypen handelt, muß ebenfalls eine geeignete Ein- und Ausgabeprozedur geschrieben werden.

Das Programmbeispiel 3.1 berechnet den Wert des Polynoms

$$p(z) = (1 + i) z^4 + 4z^3 + 3iz^2 + (2 - 3i) z + 1$$

an der Stelle z = 2 + i. Das Programm liefert

$$p(2 + i) = - 27 + 66i.$$

```
100 program komplex_horner(input,output);
110 const     max=10;
120 type      komplex=record re,im:real end;
130           koeff=array[0..max] of komplex;
140 var       a:koeff;p,z:komplex;k,i,n:integer;
150 procedure lies_ein(var x:komplex);
160 begin
170 read(x.re,x.im)
180 end;
190 procedure gib_aus(var x:komplex);
200 begin
210 write(x.re:4:2);
220 if x.im<0 then writeln('-',abs(x.im):4:2,'i')
230           else writeln('+',x.im:4:2,'i')
240 end;
250 procedure komplexadd(x,y:komplex;var z:komplex);
260 begin
270 z.re:=x.re+y.re;z.im:=x.im+y.im
280 end;
290 procedure komplexmult(x,y:komplex;var z:komplex);
300 begin
310 z.re:=x.re*y.re-x.im*y.im;
320 z.im:=x.re*y.im+x.im*y.re
330 end;
```

```
340  begin (* Hauptprogramm *)
350  writeln('Polynomgrad?');
360  read(n);
370  writeln('Gib Koeffizienten ein');
380  for i:=n downto 0 do lies_ein(a[i]);
390  writeln('Gib Argument ein');
400  lies_ein(z);
410  p:=a[n];
420  for i:=n-1 downto 0 do
430       begin
440       komplexmult(p,z,p);
450       komplexadd(p,a[i],p)
460       end;
470  write('Polynomwert=');
480  gib_aus(p);
490  writeln
500  end.


   4
1 1   4 0   0 3   2 -3   1 0
2 1
POLYNOMWERT=-27.00+ 66.00I
```

3.2 Volumenberechnung

Auf die vielfältigen Anwendungen von Records in Verbindung mit Zeigervariablen ist bereits hingewiesen worden. Sie werden insbesondere zur Darstellung von Stacks, Listen und Bäumen benützt (vgl. die Abschnitte 6, 7, 8).

Besonders flexibel werden die Verbunde durch Einführung von variablen Komponenten. Diese werden in Form von CASE .. OF-Anweisungen am Ende des Records angefügt.

Beispiel:

```
type  familienstand = (ledig, verheiratet, geschieden);
      person = record
               name: string;
               gehaltsgruppe: integer;
               alter: integer;
               case f: familienstand of
                   verheiratet: (hochzeit : datum) end
               end;
```

Zur Demonstration varianter Records wird ein Programm zur Volumenberechnung von Würfel, Quader, Kegel, Zylinder und Kugel gegeben. Die genannten Körper werden als Aufzählungstypen deklariert:

```
type objekt = (würfel, quader, kegel, zylinder, kugel);
```

Die benötigten Maßzahlen werden als varianter Record vereinbart

masszahl = record
        volumen: real;
        case körper: objekt of
              würfel: (kante:real);
              quader: (länge, breite, höhe:real);
              kegel: (kradius, khöhe:real);
              zylinder: (zradius, zhöhe:real);
              kugel: (rad:real) end
        end;

Zu beachten ist, daß variable Komponenten eines Records verschiedene Namen tragen müssen. Kegel und Zylinder dürfen daher nicht dieselbe Komponente *radius* haben.

Mit Hilfe einer CASE .. OF-Anweisung werden der gewünschte Körper ausgewählt, die benötigten Maße abgefragt und das entsprechende Volumen berechnet. Um Schreibarbeit zu sparen wurde die Pascal-Anweisung WITH ... DO benützt:
Statt z. B.

read (inhalt.kante);
*inhalt.volumen := inhalt.kante * sqr (inhalt.kante);*

kann man schreiben

with inhalt do begin
read (kante);
*volumen := kante * sqr (kante) end;*

```
100 program volumenberechnung(input,output);
110 const   pi=3.14159265;
120 type    objekt=(wuerfel,quader,kegel,zylinder,kugel);
130         masszahl=record
140                  volumen:real;
150                  case koerper:objekt of
160                  wuerfel:(kante:real);
170                  quader:(laenge,breite,hoehe:real);
180                  kegel:(kradius,khoehe:real);
190                  zylinder:(zradius,zhoehe:real);
200                  kugel:(rad:real)
210                  end;
220 var     inhalt:masszahl;
230         koerper:objekt;
240         fall:1..5;
250 begin
260 writeln('Gib entsprechende Ziffer ein:');
270 writeln('Wuerfel=1,Quader=2,Kegel=3');
280 writeln('Zylinder=4,Kugel=5');
290 read(fall);
300 case fall of
310         1: koerper:=wuerfel;
320         2: koerper:=quader;
330         3: koerper:=kegel;
340         4: koerper:=zylinder;
```

```
350            5: koerper:=kugel
360            end; (* of fall *)
370 case koerper of
380        wuerfel:begin
390                writeln('Gib Kantenlaenge ein');
400                with inhalt do begin
410                read(kante);
420                volumen:=kante*sqr(kante)end end;
430        quader:begin
440                writeln('Gib Laenge,Breite,Hoehe ein');
450                with inhalt do begin
460                read(laenge,breite,hoehe);
470                volumen:=laenge*breite*hoehe end end;
480        kegel: begin
490                writeln('Gib Grundradius,Hoehe ein');
500                with inhalt do begin
510                read(kradius,khoehe);
520                volumen:=pi*sqr(kradius)*khoehe/3 end end;
530        zylinder:begin
540                writeln('Gib Grundradius,Hoehe ein');
550                with inhalt do begin
560                read(zradius,zhoehe);
570                volumen:=pi*sqr(zradius)*zhoehe) end end;
580        kugel :begin
590                writeln('Gib Radius ein');
600                with inhalt do begin
610                read(rad);
620                volumen:=4*pi*rad*sqr(rad)/3.0 end end;
630        end; (* of koerper *)
640 writeln('Volumen=',inhalt.volumen:10:4)
650 end.
```

4 Feld

In einem Feld (eng. *array*) können gleichartige Daten beliebigen Typs zusammengefaßt werden:

> *type vektor = array* [1 .. 10] *of integer;*
> *type matrix = array* [1 .. 5, 1 .. 5] of real;

Die einzelnen Feldkomponenten können über den Index angesprochen werden. In Pascal sind Indizes vom Typ *integer* und können daher auch negativ sein. Es gibt jedoch keine dynamischen Feldvereinbarungen wie z. B. in ALGOL. Dies hat zur Folge, daß die obere Indexgrenze als Konstante vereinbart werden muß:

> *const n* = 10;
> *var a : array* [1 .. *n*] *of real;*

Da Pascal nicht den Standardtyp Zeichenkette kennt, müssen alphanumerische Variablen als Zeichenketten vereinbart werden:

> *type string = array* [1 .. 10] *of char;*

Bei vielen Pascal-Compilern müssen Zeichenketten als gepackte Felder deklariert werden:

> *type string = packed array* [1 .. 10] *of char;*

Dies ist etwas umständlich, da kürzere Namen mit entsprechend vielen Leerstellen aufgefüllt werden müssen. Dieser Nachteil ist z. B. im UCSD-Pascal beseitigt worden. Dort gibt es auch die von BASIC bekannten Stringfunktionen, die das Standard-Pascal nicht kennt.

In BASIC wird zwischen Zeichen und Zeichenketten nicht unterschieden. Zeichenketten können dort meist bis zu 255 Zeichen enthalten.

In BASIC sind Felder die einzigen Datentypen, die aus Speicherplatzgründen, vorher dimensioniert werden müssen:

> DIM A(100), B(10, 10), C$(100), D%(100)

Indexwerte müssen positiv sein, bei manchen BASIC-Interpretern ist auch der Index 0 verboten.

4.1 Lateinische Quadrate

Der Datentyp Feld ist in allen höheren Programmiersprachen implementiert. Eindimensionale Felder dienen zur Darstellung von Vektoren, Folgen und linearen Listen, zweidimensionale Felder zur Realisation von Matrizen, zweidimensionalen Koordinatensystemen, Spielfelder beim Schach usw.

Auch lateinische Quadrate können durch zweidimensionale Felder dargestellt werden. Dabei heißt ein Quadrat, das in jeder Zeile und Spalte die Zahlen 1, 2, 3, ..., n genau einmal enthält, ein lateinisches Quadrat der Ordnung n.

Zwei lateinische Quadrate heißen orthogonal, wenn unter den Paaren (i, j) mit $1 \leqslant i, j \leqslant n$ entsprechender Elemente kein Paar doppelt vorkommt.

Ein orthogonales Paar lateinischer Quadrate der Ordnung 5 ist z. B.

13	24	35	41	52
22	33	44	55	11
31	42	53	14	25
45	51	12	23	34
54	15	21	32	43

Von *Leonhard Euler* ist 1782 die Frage nach der Existenz zweier orthogonaler lateinischer Quadrate der Ordnung 6 in Form des sog. Offiziersproblems gestellt worden: Ist es möglich 6 verschiedene Offiziersränge aus 6 verschiedenen Regimentern so in einem Quadrat aufzustellen, daß in jeder Zeile und Spalte jeder Rang und jedes Regiment vertreten ist?

Erst 1901 konnte der Franzose *Tarry* durch systematisches Ausprobieren zeigen, daß es kein Paar orthogonaler lateinischer Quadrate der Ordnung 6 gibt. Ebenso konnte erst 1958/59 mit Hilfe von Computern ein Paar orthogonaler lateinischer Quadrate der Ordnung 10 gefunden werden. Die Anzahl der paarweise orthogonalen lateinischen Quadrate von Nichtprimzahl-Ordnung ist noch weitgehend unbekannt.

Das Pascalprogramm 4.1 ermöglicht die Berechnung lateinischer Quadrate beliebiger Ordnung. Zur Vereinfachung wird die erste Zeile und Spalte in natürlicher Reihenfolge vorgegeben — man spricht dann von normierten lateinischen Quadraten.

Das Besetzen des Quadratfeldes (i, j) wird mit Hilfe folgender Prozedur *bestimme zahl (i, j)* durchgeführt:

Zunächst wird die Indexmenge der in der Zeile i und Spalte j bereits vorhandene Elemente bestimmt. Mit Hilfe eines Zählers setzt man probeweise ein in der Indexmenge noch nicht vorhandenes Element auf das Feld (i, j). Ist das Quadrat damit voll, wird das fertige Quadrat ausgedruckt, andernfalls ruft sich die Prozedur selbst auf und belegt das nächste Feld. Ist ein weiteres Setzen nicht mehr möglich, wird der letzte Eintrag gelöscht, und das Setzen beginnt von Neuem. Ein solches Lösungsverfahren nennt man Backtracking-Verfahren.

Die Anzahl der normierten lateinischen Quadrate wächst stark mit der Ordnung an. Das vorliegende Programm liefert für

    n = 4: 4 Lösungen
    n = 5: 56 Lösungen
    n = 6: 9408 Lösungen.

Im letzten Fall beträgt die Rechenzeit bereits ca. 2 Stunden. Der Programmausdruck zeigt die ersten sechs lateinischen Quadrate der Ordnung 5.

```
100 program lateinischquadrat(output);
110 const   n=5;
120 type    zaehler=1..n;
130         index=1..n;
140 var     i:index;anzahl:integer;
150         a:array[index,index] of zaehler;
160 procedure ausgabe;
170 var    i,j:index;
180 begin
190 for i:=1 to n do
200 begin
210    for j:=1 to n do write(a[i,j]:3);
220    writeln;
230 end;
240 writeln;
250 anzahl:=anzahl+1
260 end;
270 procedure bestimme_zahl(i,j:index);
280 var  z:zaehler;k:index;m:set of zaehler;
290 begin
300 m:=[];
310 for k:=1 to i-1 do m:=m+[a[k,j]];
320 for k:=1 to j-1 do m:=m+[a[i,k]];
330 for z:=1 to n do
340 if not(z in m) then
350           begin a[i,j]:=z;
360                 if j<n then bestimme_zahl(i,j+1)
370                        else if i<n then bestimme_zahl(i+1,2)
380                                     else ausgabe
390           end
400 end;
410 begin         (* Hauptprogramm *)
420 anzahl:=0;
430 for i:=1 to n do
440      begin
450      a[i,1]:=i;a[1,i]:=i
460      end;
470 bestimme_zahl(2,2);
480 writeln('Anzahl=',anzahl:4)
490 end.
```

```
1  2  3  4  5        1  2  3  4  5        1  2  3  4  5
2  1  4  5  3        2  1  4  5  3        2  1  5  3  4
3  4  5  1  2        3  5  1  2  4        3  4  1  5  2
4  5  2  3  1        4  3  5  1  2        4  5  2  1  3
5  3  1  2  4        5  4  2  3  1        5  3  4  2  1

1  2  3  4  5        1  2  3  4  5        1  2  3  4  5
2  1  4  5  3        2  1  4  5  3        2  1  5  3  4
3  4  5  2  1        3  5  2  1  4        3  4  2  5  1
4  5  1  3  2        4  3  5  2  1        4  5  1  2  3
5  3  2  1  4        5  4  1  3  2        5  3  4  1  2
```

4.2 Waldpopulation

Als Anwendung eindimensionaler Felder soll nun das Wachstum einer Waldpopulation simuliert werden. Die Bäume werden, ihrem Wachstum entsprechend, in die Altersklassen X_i eingeteilt. Zur Vereinfachung wird angenommen, daß sich die Bäume nur durch Neupflanzungen vermehren und daß alle Bäume der höchsten Altersklasse gefällt werden. Während eines Jahres geht der Anteil w_i der Altersklasse X_i in X_{i+1} über, der Rest $(1 - w_i)\, X_i$ verbleibt in X_i. Die jüngste Altersklasse X_1 setzt sich zusammen aus den Neupflanzungen und den in X_1 verbleibenden Bäumen.

Das BASIC-Programm 4.2 simuliert das Wachstum schottischer Pinien mit 6-jähriger Wachstumsperiode. Die Werte

$$w_1 = 0{,}28; w_2 = 0{,}31; w_3 = 0{,}25; w_4 = 0{,}23; w_5 = 0{,}37$$

sind entnommen aus: *M. B. Usher*, "A Matrix Approach to the Management of Renewable Resources, with Special Reference to Selection Forests", Journal of Applied Ecology, Volume 3, 1966. Damit ergibt sich folgender Zustandsgraph:

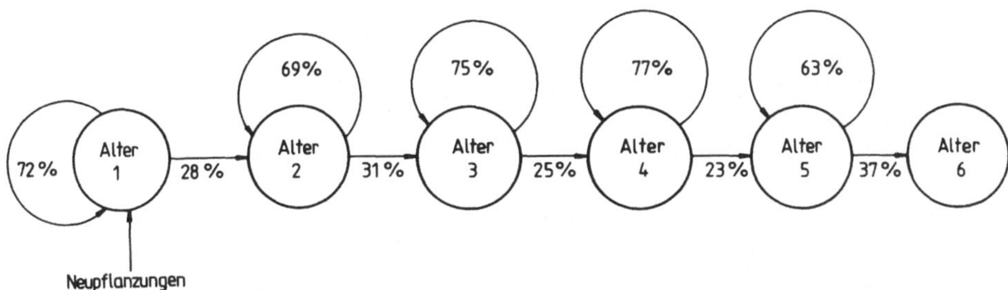

Die Wachstumskoeffizienten w_i, die Anfangsverteilung X_i und die Anzahl der Neupflanzungen werden im Programm in Form von DATA-Werten eingelesen.

Es zeigt sich, daß sich nach 50 Jahren eine, von der Anfangsverteilung unabhängige, stationäre Altersverteilung herausbildet. Für die angenommenen Werte ist diese prozentuale Verteilung verteilt auf die Altersklassen

18,95 %; 17.12 %; 21,23 %; 23,07 %; 14,34 %; 5,30 %.

Wie man dem Programmausdruck entnimmt, können soviele 6-jährige Pinien gefällt werden, wie jedes Jahr gepflanzt werden. Dies ist natürlich unter den gemachten Voraussetzungen zu erwarten.

```
100 REM WALDPOPULATION
110 :
120 READ N : REM ANZAHL DER ALTERSKLASSEN
130 DIM X(N),Y(N),W(N-1)
140 :
150 FOR I=1 TO N
160 READ X(I): REM ANFANGSWERTE
170 NEXT I
180 FOR I=1 TO N-1
190 READ W(I) : REM WACHSTUMSKOEFF.
200 NEXT I
```

```
210 READ P :REM NEUPFLANZUNGEN
220 :
230 PRINT"ALTER1    2     3     4     5     6"
240 FOR K=1 TO 50
250 Y(1)=X(1)*(1-W(1))+P
260 FOR I=2 TO N-1
270 Y(I)=X(I)*(1-W(I))+X(I-1)*W(I-1)
280 NEXT I
290 Y(N)=X(I-1)*W(I-1)
300 S=0
310 FOR I=1 TO N
320 S=S+Y(I)
330 X(I)=Y(I)
340 PRINT INT(X(I)+.5);
350 NEXT I:PRINT
360 NEXT K
370 :
380 PRINT:PRINT"PROZENTUALE VERTEILUNG:"
390 FOR I=1 TO N
400 PRINTINT(1E4*X(I)/S+.5)/100;
410 NEXT I:PRINT
420 END
430 :
440 DATA 6
450 DATA 500,0,0,0,0,0
460 DATA .28,.31,.25,.23,.37
470 DATA 250
READY.


WALDPOPULATION


ALTER1    2     3     4     5     6
 893   806   1000  1087   675   250

PROZENTUALE VERTEILUNG:
 18.95  17.12  21.23  23.07  14.34  5.3
```

4.3 Ziffernfolge

Als weitere Anwendung von eindimensionalen Feldern soll ein Problem der Unterhaltungsmathematik behandelt werden: Welche Zahl verfünffacht ihren Wert, wenn man ihre letzte Ziffer an die erste Stelle stellt?

Die kleinste derartige Zahl ist

142.857 mit dem Fünffachen 714.285

Es erhebt sich die Frage, ob das Problem für beliebige Einerstellen und Vielfache eine Lösung besitzt. Die Antwort ist „ja", wenn man führende Nullen zuläßt. Da dabei Zahlen mit 200 Dezimalstellen auftauchen, muß die Multiplikation der Zahl explizit programmiert werden. Dazu faßt man jede Zahl als ganzzahliges Feld seiner Ziffern Z_i auf. Da die Multiplikation von links nach rechts durchgeführt wird, numeriert man die Stellen in entsprechender Ordnung. Die Multiplikation wird durch das folgende Struktogramm beschrieben.

<table>
<tr><td colspan="2">stelle := einerstelle; übertrag := 0; i := 0</td></tr>
<tr><td>wieder-
hole</td><td>$ziffer_i$:= stelle

produkt := vielfaches · stelle + übertrag
übertrag := produkt div 10
stelle := produkt mod 10
i := i + 1</td></tr>
<tr><td colspan="2">bis letzte Stelle erreicht</td></tr>
</table>

Die letzte Stelle ist erreicht, wenn der Übertrag Null ist und die sich ergebende Stelle gleich der vorgegebenen Einerstelle Z_0 ist. Damit die Ziffern wieder ihre gewohnte Reihenfolge haben, wird die Zahl rückwärts ausgedruckt.

Im Programm 4.3 wurde folgendes Beispiel ausgewählt:

Einerstelle 8, Vielfaches 4.

Der Programmausdruck ergibt die gesuchte Zahl

205.128 mit dem Vierfachen 820.512.

```
100 REM ZIFFERNFOLGE
110 :
120 REM ES WIRD DIE KLEINSTE ZAHL BESTIMMT,DIE SICH UM E.VORGEG.WER
130 REM VERVIELFACHT,WENN DIE LETZTE ZIFFER VORANGESTELLT WIRD
140 :
150 DIM Z(200)
160 INPUT"LETZTE ZIFFER";S
170 INPUT"VIELFACHES";V
180 :
190 U=0:I=0
200 REM MULTIPLIKATIONSSCHLEIFE
210 Z(I)=S
220 P=V*S+U
230 U=INT(P/10)
240 S=P-U*10
250 I=I+1
260 IF S<>Z(0) OR U<>0 THEN 210
270 L=I-1
280 :
290 REM AUSGABE

300 PRINT:PRINT"ZAHL=";
310 FOR I=L TO 0 STEP -1
320 PRINT. Z(I);
330 NEXT I
340 END
READY.
```

```
ZIFFERNFOLGE


LETZTE ZIFFER? 8
VIELFACHES? 4

ZAHL= 205128
```

5 Liste

Listen, deren Elemente auf Grund einer Numerierung geordnet sind, heißen lineare Listen (engl. *linear lists*). Solche Listen, wie Namensverzeichnisse, Tabellenwerte usw., können daher leicht als eindimensionale Felder realisiert werden.

Die wichtigsten Operationen auf Listen sind Durchsuchen und Eintragen bzw. Löschen von Eintragungen.

Bekannte Suchmethoden sind das sequentielle Durchsuchen und das binäre Suchen, wobei letzteres voraussetzt, daß die Liste numerisch oder alphabetisch geordnet ist.

5.1 Hashsuche

Ein effektives Verfahren zum Durchsuchen von umfangreichen, nicht geordneten Listen ist die sog. *Hashsuche* (von engl. *hash:* zerhacken). Die Methode entstand 1953–56 bei IBM und wurde bis 1968 unter dem Namen „gestreute Speicherung" geführt. Grundidee des Hashens ist, die Elementen einer Liste oder Datei durch ein ganzzahliges Schlüsselwort zu kennzeichnen und mit Hilfe einer mathematischen Funktion eine Adresse (in einem realen bzw. virtuellen Speicher) zuzuordnen.

Ordnet die Hashfunktion zwei verschiedenen Schlüsselwerten dieselbe Adresse zu, spricht man von einer Kollision. Möglichst wenig Kollisionen erhält man, wenn man als Hashfunktion die Divisionsreste bei Teilung durch eine Primzahl p wählt, da die Reste mod p stark streuen. Eine ausführliche Diskussion dazu findet sich in [6] und [9].

Die Schlüsselwerte 256,543 und 708 liefern bei der Hashfunktion mod 113 + 1 die Reste

$$256 \bmod 113 + 1 = 31$$
$$543 \bmod 113 + 1 = 92$$
$$708 \bmod 113 + 1 = 31.$$

Für den Fall einer Kollision, wie hier zwischen 256 und 708, gibt es mehrere Strategien. Beim BASIC-Programm 5.1 wird dazu eine weitere Hashfunktion mod 17 + 1 gewählt und eine neue Adresse zur Summe der beiden Primzahlreste berechnet. Kommt es zu einer erneuten Kollision, so wird der Vorgang wiederholt.

Speichert man die so erhaltenen Adressen, auch Hashindizes genannt, so kann das Durchsuchen einer Liste durch bloßes Adreßrechnen bewerkstelligt werden. Ist zu einem gesuchten Schlüssel der Hashindex Null, so ist das Element nicht vorhanden. Andernfalls muß geprüft werden, ob eine Kollision vorliegt. Man prüft so lange, ob das zum Hashindex gehörige Element mit dem gesuchten identisch ist, bis das gesuchte entweder gefunden oder der Hashindex Null ist. Im letzteren Fall war die Suche ergebnislos.

Im BASIC-Programm 5.1 ist eine Liste von 50 Zahlen in Form von DATA-Werten vorgegeben. In einem Unterprogramm wird jeder Zahl ein Hashindex I zugeordnet und die zugehörige Zahl H(I) gespeichert. Nach Eingabe einer gesuchten Zahl X wird die Hashsuche, ebenfalls in Form eines Unterprogramms, durchgeführt. Als Beispiel wird im Programm die Hashsuche für die Zahlen 231 bis 237 durchgeführt (vgl. Programmausdruck).

Erwähnt sei noch, daß die Hashsuche auch bei alphanumerischen Variablen möglich ist. Eine Hashfunktion erhält man dadurch, daß man die Ordnungszahlen der ersten 5 Buchstaben (z. B. im ASCII-Code) miteinander verknüpft und davon einen Primzahlrest nimmt.

```
100 REM HASH-SUCHE
110 :
120 READ N : REM ANZAHL DER ELEMENTE
130 DIM A(N),H(114)
140 FOR K=1 TO N
150 READ A(K)
160 H(K)=0
170 NEXT K
180 :
190 REM BERECHNEN DER HASH-INDIZES
200 FOR K=1 TO N
210 GOSUB 390
220 NEXT K
230 :
240 REM ABFRAGE
250 PRINT:PRINT"HASH-SUCHE"
260 PRINT:INPUT"WELCHES ELEMENT GESUCHT";X
270 GOSUB 320
280 IF H(I)=X THEN PRINT"GESUCHTES ELEMENT GEFUNDEN":GOTO 260
290 PRINT"GESUCHTES ELEMENT NICHT GEFUNDEN"
300 GOTO 260
310 :
320 REM UNTERPROGRAMM HASHSUCHE
330 I=X-INT(X/113)*113+1
340 Q=X-INT(X/17)*17+1
350 IF H(I)=0 OR H(I)=X THEN RETURN
360 I=(I+Q)-INT((I+Q)/113)*113+1
370 GOTO 350
380 :
390 REM UNTERPROGRAMM HASHFUNKTION
400 I=A(K)-INT(A(K)/113)*113+1
410 Q=A(K)-INT(A(K)/17)*17+1
420 IF H(I)=0 THEN H(I)=A(K):RETURN
430 I=(I+Q)-INT((I+Q)/113)*113+1
440 GOTO 420
450 :
460 DATA 50
470 DATA 256,478,231,598,451,336,247,312,947,224
480 DATA 12,459,234,753,364,159,234,124,45,897
490 DATA 234,87,645,981,237,562,894,562,145,469
500 DATA 230,816,467,299,372,615,838,273,473,123
510 DATA 76,248,344,547,924,324,99,248,369,941
READY.
```

```
HASH-SUCHE

WELCHES ELEMENT GESUCHT? 231
GESUCHTES ELEMENT GEFUNDEN

WELCHES ELEMENT GESUCHT? 232
GESUCHTES ELEMENT NICHT GEFUNDEN

WELCHES ELEMENT GESUCHT? 233
GESUCHTES ELEMENT NICHT GEFUNDEN

WELCHES ELEMENT GESUCHT? 234
GESUCHTES ELEMENT GEFUNDEN

WELCHES ELEMENT GESUCHT? 235
GESUCHTES ELEMENT NICHT GEFUNDEN

WELCHES ELEMENT GESUCHT? 236
GESUCHTES ELEMENT NICHT GEFUNDEN

WELCHES ELEMENT GESUCHT? 237
GESUCHTES ELEMENT GEFUNDEN
```

5.2 Josephsproblem

Ein weiterer Listentyp ist die verkettete Liste (engl. *linked list*). Jedes Listenelement enthält dabei einen Zeiger, der auf das folgende Element zeigt:

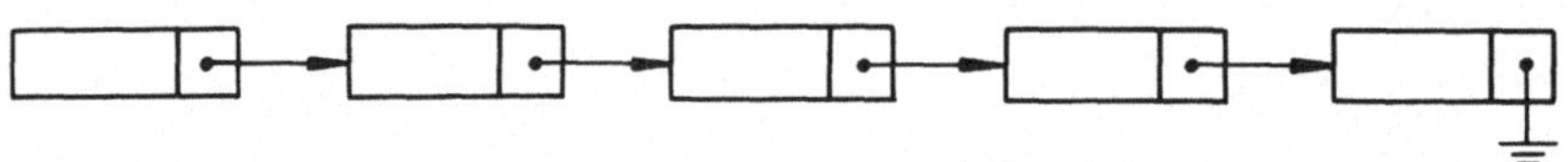

In Pascal können verkettete Listen mit Hilfe von Records definiert werden:

```
type  liste = ↑ element;
      element = record
            inhalt: ...
            nächst: liste
```

Das Ende der Liste wird durch einen Zeiger, der auf "nichts" zeigt — in Pascal mit NIL bezeichnet —, gekennzeichnet.

Das Ausdrucken einer verketteten Liste kann mit folgender Prozedur erfolgen:

```
procedure druckeliste (e: element);
begin
while nächst <> nil do
      begin
      writeln (e.inhalt);
      e := e ↑.nächst
      end
end;
```

Mit Hilfe von verketteten Listen soll nun das sog. Josephusproblem (genannt nach dem jüdischen Historiker *Josephus Flavius*, 37–100) gelöst werden. Die Aufgabe erscheint im Algorismus Ratisbonensis (1450) in folgender Form:

Ein Schiff mit 30 Mann, bestehend zur Hälfte aus Christen und Türken, droht wegen Überlastung zu sinken. Man beschließt sich einer Hälfte zu entledigen, indem man alle Männer im Kreis aufstellen läßt und jeden 10. über Bord wirft. Wie müssen sich die Christen aufstellen, damit sie an Bord bleiben?

Die Männer werden als verkettete Liste vereinbart:

```
type zeiger  =   ↑ person;
     person =   record
                   nummer: integer;
                   nächst: zeiger end;
```

Mit Hilfe der Prozedur *im_kreis_aufstellen* werden die Männer durchnumeriert und die jeweiligen Nachfolger bestimmt:

```
procedure im_kreis_aufstellen (letzter: integer);
var        i: integer; erster, nachf: zeiger;
begin
new (erster);
erster.nummer := 1;
mann := erster;
for i := 2 to letzer do
      begin
      new (nachf);
      nach ↑.nummer := i;
      mann ↑.nächst := nachf;
      mann := nachf
      end;
mann ↑.nächst := erster
end;
```

Die Prozedur *abzählen* sondert die Männer mit der vorgegebenen Schrittweite aus und schließt die entstandenen Lücken, indem sie den Nachfolger des Nachfolgers zum Nachfolger erklärt:

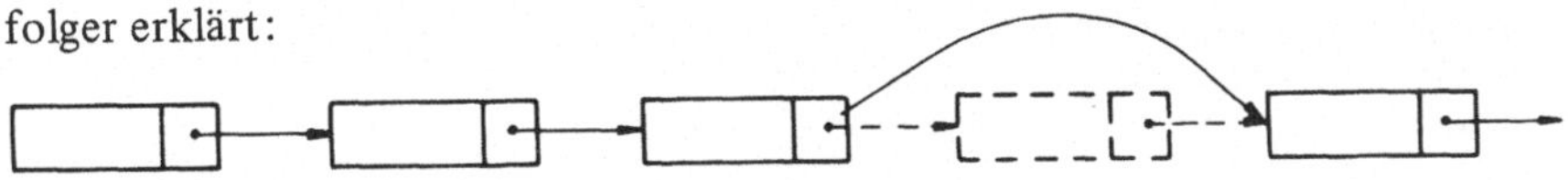

```
procedure abzählen (schrittweite: integer);
var        i: integer;
begin
repeat
      for i := 1 to schrittweite−1 do
            mann := mann↑.nächst;
      write (mann ↑ .nächst ↑ .nummer);
      mann ↑ .nächst := mann ↑ .nächst ↑ .nächst
until mann ↑ .nächst = mann;
writeln (mann ↑ .nummer)
end;
```

Das Verfahren endet, wenn nur noch ein Mann übrigbleibt; er ist dadurch gekennzeichnet, daß er sein eigener Nachfolger ist.

Zusammen mit einer im Hauptprogramm erfolgenden Eingabe gibt sich Pascalprogramm 5.2

Wie der Programmausdruck zeigt, müssen sich die Christen auf die Positionen

2, 21, 16, 6, 4, 1, 5, 13, 19, 12, 29, 18, 25, 17, 28

stellen.

```
100 program josephusproblem(input,output);
110 type      zeiger=↑person;
120           person=record
130                 nummer:integer;
140                 naechst:zeiger end;
150 var       anzahl,wieviel:integer;
160           mann:zeiger;
170 (*                                        *)
180 procedure im_kreis_aufstellen(letzter:integer);
190 var    i:integer;erster,nachf:zeiger;
200 begin
210 new(erster);
220 erster↑.nummer:=1;
230 mann:=erster;
240 for i:=2 to letzter do
250 begin
260         new(nachf);
270         nachf↑.nummer:=i;
280         mann↑.naechst:=nachf;
290         mann:=nachf
300 end;
310 mann↑.naechst:=erster
320 end;
330 (*                                        *)
340 procedure abzaehlen(schrittweite:integer);
350 var    i:integer;
360 begin
370 repeat
380         for i:=1 to schrittweite-1 do
390         mann:=mann↑.naechst;
400         write(mann↑.naechst↑.nummer:5);
410         mann↑.naechst:=mann↑.naechst↑.naechst
420 until mann↑.naechst=mann;
430 writeln(mann↑.nummer:5)
440 end;
450 (*                                        *)
460 begin   (* Hauptprogramm *)
470 writeln('Wieviel Mann ?');
480 read(anzahl);
490 writeln('Jeder wievielte wird ausgeschieden?');
500 read(wieviel);
510 writeln('In dieser Reihe wird ausgeschieden:');
520 im_kreis_aufstellen(anzahl);
530 abzaehlen(wieviel)
540 end.
```

```
30
10
10  20  30  11  22   3  15  27   9  24   7  23   8  26  14   2
21  16   6   4   1   5  13  19  12  29  18  25  17  28
```

5.3 Zweifachverkettete Liste

Ordnet man einem Listenelement zwei Zeiger (z. B. für Vorgänger und Nachfolger) zu, so erhält man eine zweifach-verkettete Liste (engl. *double linked list*). Solche zweifachverkettete Listen dienen insbesondere zur Realisierung von Binärbäumen (siehe Abschnitt 8).

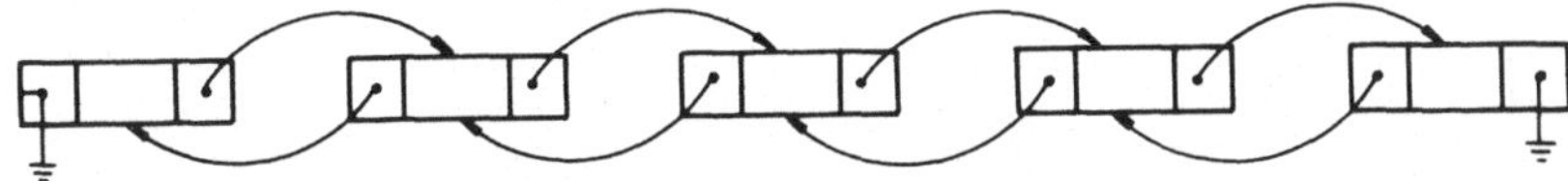

Viele Programmiersprachen wie FORTRAN, ALGOL 60 und BASIC kennen keine Zeigervariablen. Am Beispiel der Intercity-Zugverbindung Hamburg-München soll gezeigt werden, wie man in BASIC zweifachverkettete Listen mit Hilfe dreier Felder erzeugen kann.

Die Bahnhöfe der Strecke werden alphabetisch durchnumeriert, und zu jedem Bahnhof wird der Index des nördlich bzw. südlich gelegenen Bahnhofs bestimmt. Dabei wurde Mannheim als Umsteigebahnhof gewählt. Diese Indexwerte werden in den Feldern N(I) und S(I) gespeichert. Endbahnhöfe werden durch den Index 0 gekennzeichnet.

Setzt man den Zeiger Z auf den Indexwert von München, so wird durch

290 PRINT B$(Z)
300 Z = N(Z)
320 IF Z <> 0 THEN 290

die Intercity-Strecke München-Hamburg in nördlicher Richtung durchlaufen. Im BASIC-Programm 5.3 kann die Richtung frei gewählt werden.

```
100 REM ZWEIFACHVERKETTETE LISTE
110 :
120 READ N :REM ZAHL DER BAHNHOEFE
130 DIM B$(N),N(N),S(N)
140 :
150 REM EINLESEN DER BAHNHOEFE
160 FOR I=1 TO N
170 READ B$(I),N(I),S(I)
180 NEXT I
190 :
200 INPUT"NOERDLICH(1) ODER SUEDLICH(2)";R
210 IF R<>1 AND R<>2 THEN PRINT"1 ODER 2 EINGEBEN":GOTO 200
220 PRINT
230 :
240 REM SETZEN DES ZEIGERS AUF ANFANG
250 IF R=1 THEN Z=9:GOTO 280
260 Z=5
270 :
```

```
280 REM WEITERSETZEN DES ZEIGERS
290 PRINT B$(Z)
300 IF R=1 THEN Z=N(Z):GOTO 320
310 Z=S(Z)
320 IF Z<>0 THEN 290
330 END
340 :
350 DATA 11
360 DATA AUGSBURG,11,9
370 DATA FRANKFURT,3,8
380 DATA FULDA,4,2
390 DATA GOETTINGEN,6,3
400 DATA HAMBURG,0,6
410 DATA HANNOVER,5,4
420 DATA HEIDELBERG,8,10
430 DATA MANNHEIM,2,7
440 DATA MUENCHEN,1,0
450 DATA STUTTGART,7,11
460 DATA ULM,10,1
READY.
```

```
ZWEIFACHVERKETTETE  LISTE

NOERDLICH(1) ODER SUEDLICH(2)? 1

MUENCHEN
AUGSBURG
ULM
STUTTGART
HEIDELBERG
MANNHEIM
FRANKFURT
FULDA
GOETTINGEN
HANNOVER
HAMBURG
```

6 Stack

Ein Stapel, Keller oder Kellerspeicher (engl. *stack*) ist eine lineare oder einfach verkettete Liste, bei der das Einfügen oder Entfernen eines Elements auf den Listenkopf beschränkt ist.

Ein Stack kann mit Hilfe der beiden Operationen

Einfügen an erster Stelle (engl. *push*)
Entfernen von erster Stelle (engl. *pop*, manchmal auch *pull*)

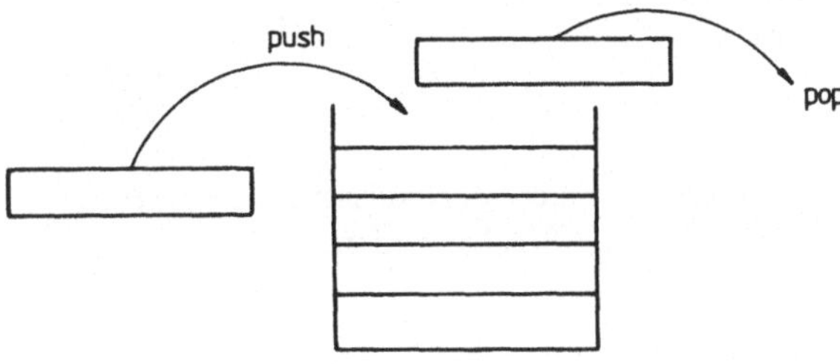

auch abstrakt durch Axiome definiert werden:

TOP (PUSH(S, I)) = I
TOP (CREATE) = INTEGER_ERROR
POP (PUSH(S, I)) = S
POP (CREATE) = STACK_ERROR

Dabei ist S eine Variable vom Typ STACK und I von irgendeinem Typ ITEM. Die auftretenden Funktionen haben folgende Bedeutung und folgenden Wertebereich:

CREATE	„errichte leeren Stack"	$\emptyset \to$ STACK
TOP	„wähle erstes Element aus"	STACK $\to$ ITEM $\cup$ {ERROR}
PUSH	„füge an erster Stelle zu"	STACK x ITEM $\to$ STACK
POP	„entferne erstes Element"	STACK $\to$ STACK $\cup$ {ERROR}

Die genannten Fehler treten auf, wenn aus einem leeren Stack ein Element entfernt oder einem vollen Stack ein neues Element hinzugefügt werden soll.

Ein Stack kann in Pascal als Verbund vereinbart werden:

type stack = record
                 objekt: array [1 ... *max*] *of integer;*
                 top: 0 ... max end;

Die Operationen PUSH und POP können als Prozedur formuliert werden:

```
procedure push (var keller: stack; x: integer);
begin
if keller.top = max    then writeln ( 'Stack ist voll')
                       else begin
                               keller.top := keller.top + 1;
                               keller.objekt [keller.top] := x
                            end
end;
procedure pop (var keller: stack; var x: integer);
begin
if keller.top = 0 then writeln ( 'Stack ist leer')
                  else begin
                          x := keller.objekt [keller.top];
                          keller.top := keller.top - 1
                       end
end;
```

Stacks sind nicht nur ein Datentyp, sondern sie liefern auch den Mechanismus für elektronische Speicher in Computerbetriebssystemen. Mit Hilfe von Stacks werden

— Formelausdrücke abgearbeitet
— Zwischenergebnisse gestapelt
— Klammerebenen geprüft
— Sprungadressen für Unterprogramme gestapelt
— Indexwerte von Laufanweisungen abgearbeitet

usw. Insbesondere können mit Hilfe von 3 Stacks rekursive Schemata in iterative Verfahren umgewandelt werden (vgl. [10]).

6.1 Klammerprüfung

Als erstes Beispiel soll ein Pascal-Programm zur Klammerprüfung angegeben werden. Nach Eingabe der Klammerfolge wird jede sich öffnende Klammer auf einen Stack geschoben, entsprechend bei einer schließenden Klammer die oberste öffnende Klammer entfernt. Dies geschieht mit Hilfe der angegebenen Prozeduren PUSH und POP. Zusätzlich wird hier noch ein Wahrheitswert übergeben, der angibt, ob die Operation durchgeführt werden konnte.

Eine vorgegebene Klammerung ist genau dann in Ordnung, wenn nach dem Abarbeiten der letzten Klammer der Stack leer ist. Als Programmbeispiel wird die Klammerfolge

$$((((\,)(((\,))\,())) (((\,))))$$

geprüft; es zeigt sich, daß die Klammerung in Ordnung ist.

```
100 program klammerpruefung(input,output);
110 const     max=25;
120 type      stack=record
130                   objekt:array[1..max] of char;
140                   top:0..max end;
150 var    keller:stack;i,n:integer;zuende:boolean;
160        klamm:array[1..max] of char;
170 function leer(s:stack):boolean;
180 begin
190 leer:=(s.top=0)
200 end;
210 procedure pop(var s:stack;var fertig:boolean);
220 begin
230 fertig:=leer(s);
240 if fertig then writeln('Stack ist leer')
250           else s.top:=s.top-1
260 end;
270 procedure push(var s:stack;x:char;var fertig:boolean);
280 begin
290 fertig:=(s.top=max);
300 if fertig then writeln('Stack ist voll')
310           else begin
320                  s.top:=s.top+1;
330                  s.objekt[s.top]:=x
340                end
350 end;
360 begin
370 writeln('Gib Klammern ein,Ende*');i:=0;
380 repeat
390        i:=i+1;read(klamm[i])
400 until klamm[i]='*';
410 keller.top:=0;n:=i-1;i:=0;
420 repeat
430        i:=i+1;
440        if klamm[i]='(' then push(keller,'(',zuende)
450                        else pop(keller,zuende)
460 until (i=n) or zuende;
470 if leer(keller)and(i=n) then writeln('Klammerung O.K.')
480                         else writeln('Klammerung falsch')
490 end.
```

```
(((()((())()))(())))*
KLAMMERUNG O.K.
```

6.2 Arithmetischer Term

Als zweites Beispiel soll gezeigt werden, wie mit Hilfe eines Stacks ein arithmetischer Term (ohne Klammern) berechnet werden kann.

Folgende Operatoren werden als Aufzählungstyp definiert

type operatortyp = (start, stop, add, sub, mult, divd);

Da Variable vom Aufzählungstyp in Pascal geordnet sind, ist damit auch die Priorität der Operatoren festgelegt, z.B. gilt hier

add "$\leq$" mult.

Neben den bereits bekannten Prozeduren POP und PUSH werden noch zwei weitere Prozeduren benötigt, eine zum Umwandeln des Rechenzeichens in die entsprechende Operation, die andere zur Ausführung der jeweiligen Rechnung.

procedure verknüpfe (var x: knoten);
var z: char;
begin
read (x.zahl, z);
if z in ['+‘, ’−‘, ’∗‘, ’/‘] then
       case z of
       ’+‘: x.operator := add;
       ’−‘: x.operator := sub;
       ’∗‘: x.operator := mult;
       ’/‘: x.operator := divd end
          else x.operator := stop
end;

procedure rechne (x: integer; op: operatortyp; var y: integer);
begin
    case op of
      add: y := x + y;
      sub: y := x − y;
      mult: y := x ∗ y;
      divd: y := x div y end
end;

Das Pascalprogramm 6.2 liefert für

$$12 \ast 3 + 4/5 - 6 + 7 \ast 8 - 9$$

den Wert 77. Zu beachten dabei ist, daß die Division ganzzahlig durchgeführt wird.

```
100 program arithmetischterm(input,output);
110 type opertyp=(start,stop,add,sub,mult,divd);
120      zeiger=↑knoten;
130      knoten=record
140            zahl:integer;
150            operator:opertyp;
160            naechst:zeiger end;
170 var  s,frei:zeiger;neu:knoten;
180 procedure verknuepfe(var x:knoten);
190 var  z:char;
200 begin
210 read(x.zahl,z);
220 if z in ['+','-','*','/'] then
230          case z of
240          '+':x.operator:=add;
250          '-':x.operator:=sub;
260          '*':x.operator:=mult;
270          '/':x.operator:=divd end
280          else x.operator:=stop
290 end;
```

```
300 procedure rechne(x:integer;op:opertyp;var y:integer);
310 begin
320      case op of
330           add: y:=x+y;
340           sub: y:=x-y;
350           mult:y:=x*y;
360           divd:y:=x div y end
370 end;
380 procedure push(x:knoten);
390 begin
400 x.naechst:=s;
410 if frei=nil then new(s)
420           else begin
430                s:=frei;frei:=frei↑.naechst end;
440 s↑:=x
450 end;
460 procedure pop;
470 var  p:zeiger;
480 begin
490   p:=s;s:=s↑.naechst;
500   p↑.naechst:=frei;frei:=p
510 end;
520 begin  (* Hauptprogramm *)
530 writeln('Gib arithmetischen Term ein');
540 frei:=nil;new(s);s↑.operator:=start;
550 repeat
560      verknuepfe(neu);
570      while neu.operator<=s↑.operator do
580           begin
590           rechne(s↑.zahl,s↑.operator,neu.zahl);pop
600           end;
610      push(neu)
620 until neu.operator=stop;
630 writeln('=',neu.zahl:4)
640 end.


12*3+4/5-6+7*8-9
= 77
```

7 Schlange

Eine Schlange (engl. *queue*) ist eine lineare oder verkettete Liste, bei der nur am Listenanfang Elemente entfernt und am Ende Elemente angefügt werden. Schlangen werden daher auch LIFO-Speicher (*Last, In, First Out*) genannt. Entsprechend sind Stacks FIFO-Speicher (*First, In, First Out*).

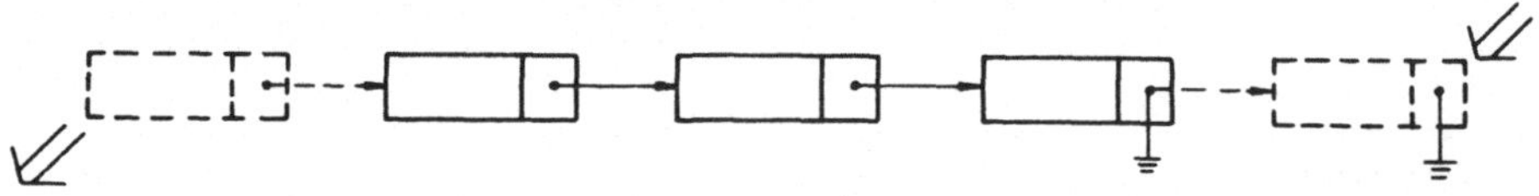

Der Datentyp Schlange kann ebenfalls abstrakt durch Axiome charakterisiert werden:

IS EMPTY (NEW) = true
IS EMPTY (ADD (Q, I)) = false
FRONT (NEW) = ERROR
FRONT (ADD(Q, I)) = if IS EMPTY (Q) then I else FRONT (Q)
REMOVE (NEW) = ERROR
REMOVE (ADD (Q, I)) = if IS EMPTY (Q) then NEW
                                  else ADD (REMOVE (Q), I)

Dabei ist Q eine Variable vom Typ Queue und I vom Typ Item.

Die auftretenden Funktionen haben folgende Bedeutung und folgenden Wertebereich

NEW	„erzeuge leere Schlange"	$\emptyset \rightarrow$ QUEUE
ADD	„füge hinten Element an"	QUEUE x ITEM $\rightarrow$ QUEUE
FRONT	„gib das vorne stehende Element an"	QUEUE $\rightarrow$ ITEM
REMOVE	„entferne das hinten stehende Element"	QUEUE $\rightarrow$ QUEUE
IS EMPTY	„prüfe, ob Schlange leer"	QUEUE $\rightarrow$ BOOLEAN

In Computern sind insbesondere Datenpuffer in Eingabeterminals und Druckern als Schlangen organisiert.

In Pascal können Schlangen durch Verbunde realisiert werden

```
const länge = 20;
     schlange = record
             objekt: array [1 .. länge] of integer;
             kopf; ende: 1 .. länge end;
```

Das Einfügen eines Elements x läßt sich formulieren als

```
procedure einfügen (var s: schlange; x: integer);
begin
with  s do
        begin
        ende := (ende + 1) mod länge;
        if kopf = ende then writeln (,Schlange ist voll')
                        else objekt [ende] := x
        end
end;
```

Entsprechend das Entfernen von x:

```
procedure entferne (var s: schlange; var x: integer);
begin
with  s do
        if kopf = ende then writeln (,Schlange voll')
                       else begin
                            kopf := (kopf + 1) mod länge;
                            x := objekt [kopf]
                            end
end;
```

Bemerkenswert ist das zweimalige Auftreten der Bedingung

```
if kopf = ende.
```

Nach dem Einfügen zeigt sie, ob die Schlange voll ist bzw. vor dem Entfernen, ob die Schlange leer ist.

7.1 Warteschlange

Das BASIC-Programm 7.1 simuliert eine Warteschlange. Da die Zeit zwischen dem Erscheinen zweier Kunden und ihre Bedienungszeit im allgemeinen exponentialverteilt sind, werden mit Hilfe der Funktion

$$DEF\ FNE(X) = -X * LOG(RND(1))$$

exponentialverteilte Zufallszahlen vom Erwartungswert X erzeugt. Auch das Modulo-Rechnen kann über die Funktion

$$DEF\ FNM(X) = X - INT((X-1)/M) * M$$

erfolgen, dabei ist M die maximale Länge der Warteschlange.

Die Schlange wird als zweidimensionales Feld vereinbart

$S(I, 1)$ speichert die Ankunftszeit,
$S(I, 2)$ die Bedienungszeit des Kunden.

Die Zeiger K (Kopf) und E (Ende) geben jeweils die Anzahl der angekommenen bzw. abgefertigten Kunden an, E-K stellt die aktuelle Länge der Schlange dar.

Nach Eingabe der gewünschten Simulationsdauer, wird in jeder Zeiteinheit ausge-
lost, ob ein Kunde ankommt und, falls die Warteschlange nicht leer ist, ob ein Kunde
abgefertigt wird. Die Variable L summiert die Längen der jeweiligen Schlangen auf, W1
die der Wartezeiten. S1 zählt die Anzahl der abgefertigten Kunden. Am Ende der Simulation werden dann die Mittelwerte dieser Größen ausgedruckt (siehe Programmausdruck).

```
100 REM WARTESCHLANGE
110 :
120 INPUT"WIEVIELE ZEITEINHEITEN";N
130 INPUT"MAX.LAENGE DER WARTESCHLANGE";M
140 INPUT"MITTL.ZEIT ZW.2 KUNDEN";W
150 INPUT"MITTL.BEDIENUNGSDAUER";B
160 :
170 REM MODULOFUNKTION
180 DEF FNM(X)=X-INT((X-1)/M)*M
190 :
200 REM EXPONENTIALVERTEILTE ZUFALLSZAHLEN
210 DEF FNE(X)=INT(-X*LOG(RND(1))+.5)
220 :
230 A=0:S=0:K=0:E=0
240 W1=0:S1=0:L=0
250 DIM S(M,2)
260 :
270 FOR I=1 TO N
280 IF I<A THEN 400
290 :
300 REM KUNDE KOMMT
310 E=E+1
320 IF E-K>M THEN PRINT"WARTESCHLANGE ZU GROSS":END
330 S(FNM(E),1)=I
340 S(FNM(E),2)=FNE(B)
350 :
360 REM NEUE ANKUNFTSZEIT
370 A=I+FNE(W)
380 GOTO 280
390 :
400 REM KUNDE WIRD BEDIENT
410 IF S>I OR K=E THEN 470
420 K=K+1
430 S=S(FNM(K),2)+I
440 W1=W1+I-S(FNM(K),1)
450 GOTO 410
460 :
470 REM BUCHFUEHRUNG
480 L=L+E-K
490 IF S>I THEN S1=S1+1
500 NEXT I
510 :
520 PRINT:REM AUSGABE
530 PRINT"AUSLASTUNG D.BEDIENUNG=";S1/N*100;"%"
540 PRINT"MITTL.LAENGE D.WARTESCHLANGE=";INT(10*L/N+.5)/10
550 PRINT"MITTL.KUNDENWARTEZEIT=";INT(10*W1/K+.5)/10
560 PRINT"ZAHL DER ANGEKOMMENEN KUNDEN=";E
570 END
READY.
```

```
WARTESCHLANGE


WIEVIELE ZEITEINHEITEN? 1000
MAX.LAENGE DER WARTESCHLANGE? 20
MITTL.ZEIT ZW.2 KUNDEN? 4
MITTL.BEDIENUNGSDAUER? 3

AUSLASTUNG D.BEDIENUNG= 58.7 %
MITTL.LAENGE D.WARTESCHLANGE= .7
MITTL.KUNDENWARTEZEIT= 3
ZAHL DER ANGEKOMMENEN KUNDEN= 223
```



```
WARTESCHLANGE
```

8 Baum

Bekannte Beispiele für Bäume sind die in der Genealogie und Zoologie verwendeten Stammbäume:

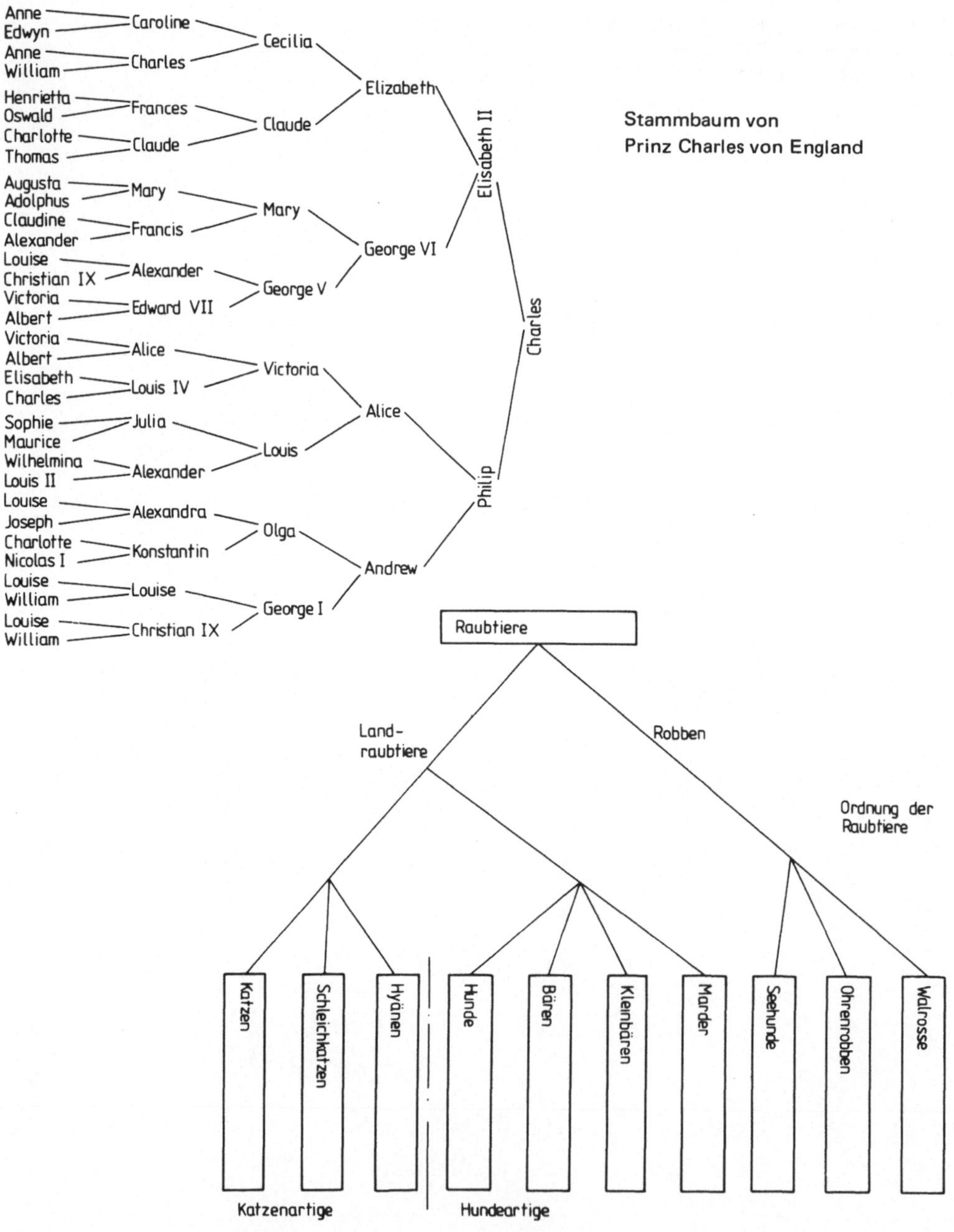

Stammbaum von
Prinz Charles von England

Bäume können rekursiv definiert werden: Ein Baum (engl. *tree*) ist entweder leer oder wird durch einen Knoten in Teilbäume (engl. *subtrees*) zerlegt.

Wird jeder Teilbaum durch einen Knoten in höchstens 2 Teilbäume geteilt, so heißt der Baum Binärbaum (engl. *binary tree*). Stammbäume, wie der von Prinz Charles, sind typische Binärbäume. Bei Binärbäumen spricht man statt von Knoten meist vom Vater, die beiden Teilbäume sind dann entsprechend der linke und rechte Sohn.

Wie Stacks und Schlangen lassen sich auch Binärbäume (abgekürzt BTREE) axiomatisch definieren

IS EMPTY (CREATE) = true
IS EMPTY (MAKE BTREE (L, I, R)) = false
LEFTSON (MAKE BTREE (L, I, R)) = L
RIGHTSON (MAKE BTREE (L, I, R)) = R
DATA (MAKE BTREE (L, I, R)) = I

Dabei sind die Variablen L, R vom Typ BTREE und I vom Typ ITEM. Die auftretenden Funktionen haben folgende Bedeutung und folgenden Wertebereich

CREATE	„erzeuge einen leeren Baum"	$\emptyset \rightarrow$ BTREE
IS EMPTY	„prüfe, ob Baum leer ist"	BTREE $\rightarrow$ BOOLEAN
MAKE BTREE	„erzeuge aus einem linken und rechten Teilbaum und einem Item einen neuen Binärbaum"	BTREE x ITEM x BTREE $\rightarrow$ BTREE
LEFTSON, RIGHTSON	„nimm den linken bzw. rechten Teilbaum"	BTREE $\rightarrow$ BTREE
DATA	„lies den Schlüssel der Wurzel"	BTREE $\rightarrow$ ITEM

Der oberste Knoten eines Baums heißt Wurzel; d. h. ein Baum steht eigentlich „Kopf".

8.1 Erzeugung eines Binärbaums

In Pascal können Binärbäume als doppelt-verkettete Listen realisiert werden:

```
type zeiger  =↑ knoten
     knoten =record
             schlüssel: item
             links, rechts: zeiger end;
```

Dies ist ein schönes Beispiel einer rekursiv definierten Datenstruktur. Die Rekursion vereinfacht die Definition wesentlich und ist deshalb hier angemessen.

Die Knoten, die sich nicht mehr „verzweigen", werden durch den Zeiger NIL gekennzeichnet; solche Knoten heißen auch Blätter.

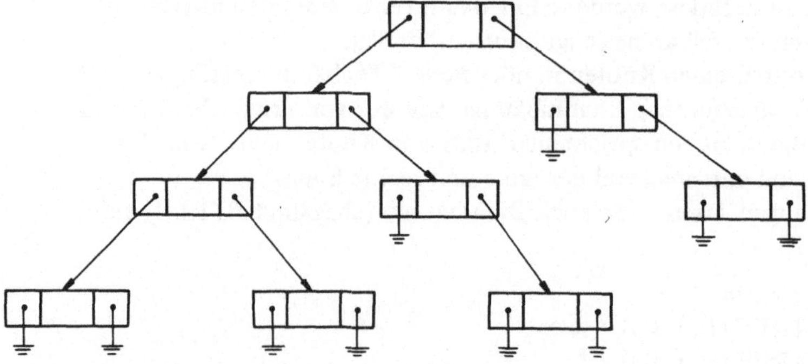

Mögliche Operationen auf Bäumen sind:

— Durchsuchen nach einem vorgegebenen Schlüssel
— Einfügen eines Knotens
— Löschen eines Knotens
— Ausdrucken eines Baums

u. ä. Das Ausdrucken eines Binärbaums kann mit folgender Prozedur erfolgen.

```
procedure druckebaum (w: zeiger; l: integer);
var    i: integer;
begin
if w <> nil then with w do
                begin
                druckebaum (links, l + 1);
                for i := 1 to l to write ('          ');
                writeln (schlüssel);
                druckebaum (rechts, l + 1)
                end
      end;
```

Das Durchsuchen eines Baums und Einfügen eines (noch nicht vorhandenen) Knotens kann über folgende Prozedur geschehen:

```
procedure suche (x: integer; var  p: zeiger);
begin
if p = nil then  begin
                new (p);
                with p do
                       begin
                       schlüssel: : = x; zähler: = 1;
                       links := nil; rechts := nil
                       end
                end
         else
                if x < p ↑ .schlüssel then suche (x, p ↑ .links) else
                if x > p ↑ .schlüssel then suche (x, p ↑ .rechts) else
                p ↑.zähler := p ↑ .zähler + 1
      end;
```

Dazu muß die anfangs gegebene Vereinbarung des Knotens um die Komponente *zähler: integer* erweitert werden.

Wie man sieht, macht die Prozedur Durchsuchen mit Einfügen geeigneten Gebrauch von der rekursiven Baumstruktur.

Das Durchsuchen eines Binärbaums entspricht der Binärsuche in Feldern oder geordneten linearen Listen. Binärbäume können natürlich auch zum Sortieren verwendet werden. Das Sortieren mit *Heaps* wird im folgenden Abschnitt dargestellt.

Gibt man beim Pascal-Programm 8.1 die Zahlen

$$8, 9, 11, 15, 19, 20, 7, 3, 2, 1, 5, 6, 4, 13, 14, 10, 12, 17, 16, 18$$

ein, so erscheint am Bildschirm folgender Baum — allerdings um 90° gedreht:

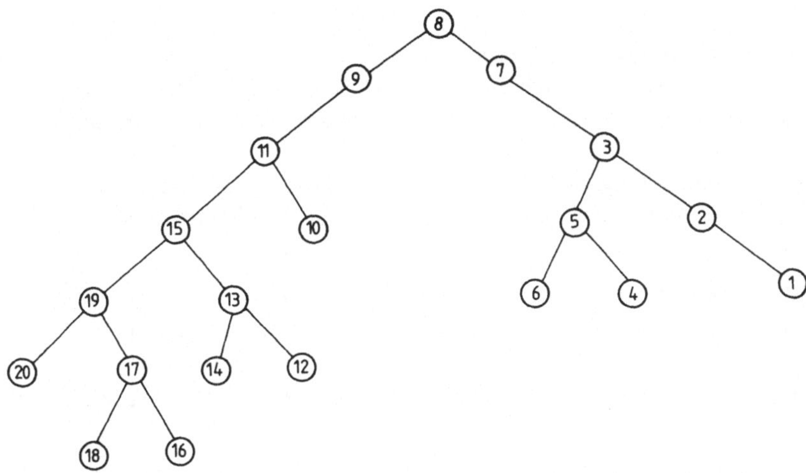

Außer durch verkettete Listen lassen sich Binärbäume auch durch Felder darstellen. Der Binärbaum

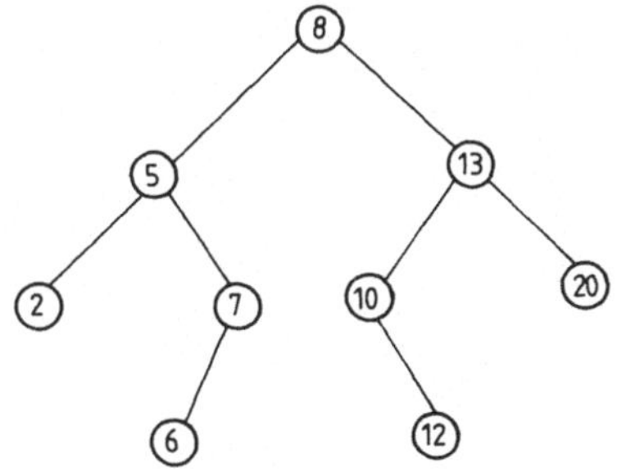

kann durch folgende drei Felder realisiert werden

	Schlüssel	linker Sohn	rechter Sohn
1	2	0	0
2	7	9	0
3	10	0	8
4	13	3	5
5	20	0	0
6	8	7	4
7	5	1	2
8	12	0	0
9	6	0	0

Blätter werden wieder durch den Index 0 gekennzeichnet.

Die Darstellung von Binärbäumen durch Felder ist wichtig für das Arbeiten mit Programmiersprachen wie FORTRAN und BASIC, die keine rekursiven Prozeduren und Datenstrukturen kennen.

Die eben gezeigte Felddarstellung eines Binärbaums setzt keine spezielle Numerierung voraus. Die unten angegebene Standardnumerierung für vollständige Binärbäume hat dagegen folgende Eigenschaften

(1) Der Vater von Knoten i ist Knoten $\left[\dfrac{i}{2}\right]$ für $i > 1$

(2) Der linke Sohn von i ist der Knoten 2i, falls $2i \leqslant n$. Für $2i > n$ hat i keinen linken Sohn

(3) Der rechte Sohn von i ist der Knoten $2i + 1$, falls $2i + 1 \leqslant n$. Für $2i + 1 > n$ hat i keinen rechten Sohn.

Dabei ist n die Anzahl aller Knoten. Ein Binärbaum heißt vollständig, wenn jeder Knoten stets 2 Teilbäume trennt. Die Eigenschaften der Standardnumerierung ermöglichen es, vollständige Binärbäume geordnet und Speicherplatz-sparend in einem Feld darzustellen. Davon wird beim Sortieren mit Heaps wesentlicher Gebrauch gemacht.

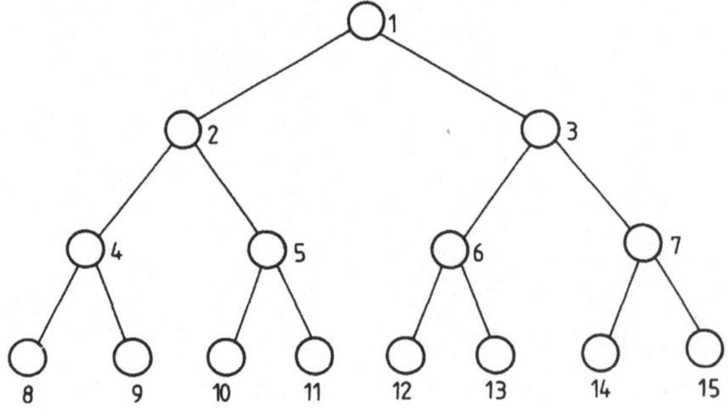

```
100 program binaerbaum(input,output);
110 type   zeiger=↑knoten;
120        knoten=record schluess:integer;
130                      zaehl:integer;
140                      links,rechts:zeiger end;
150 var    wurzel:zeiger;zahl:integer;
160 procedure druckebaum(w:zeiger;l:integer);
170 var    i:integer;
180 begin if w<> nil then
190        with w↑ do
200        begin druckebaum(links,l+1);
210        for i:=1 to l do write('    ');
220        writeln(schluess);
230        druckebaum(rechts,l+1)
240        end
250 end;
260 procedure suche(x:integer;var p:zeiger);
270 begin
280 if p=nil then
290         begin new(p);
300         with p↑ do
310              begin schluess:=x;zaehl:=1;
320              links:=nil;rechts:=nil
330              end
340         end
350         else
360         if x<p↑.schluess then suche(x,p↑.links) else
370         if x>p↑.schluess then suche(x,p↑.rechts) else
380         p↑.zaehl:=p↑.zaehl+1
390 end;
400 begin (* Hauptprogramm *)
410 writeln('Gib Zahlen ein Ende=0');
420 wurzel:=nil;read(zahl);
430 while zahl<>0 do
440         begin
450         suche(zahl,wurzel);
460         read(zahl)
470         end;
480 druckebaum(wurzel,0)
490 end.
```

8 9 11 15 19 20 7 3 2 1 5 6 4 13 14 10 12 17 16 18 0

8.2 Stammbaum

Mit Hilfe der Standardnumerierung soll nun ein BASIC-Programm angegeben werden, das den bereits dargestellten Stammbaum von Prinz Charles von England auswertet.

Die Namen der Vorfahren sind in Standardnumerierung in Form von DATA-Werten vorgegeben. Der gesuchte Vorfahre ist als Zeichenkette, bestehend aus "V" und "M", einzugeben:

Der Großvater mütterlicherseits ist Mutter-Vater und daher als MV einzugeben.

Für jedes auftretende "M" wird der linke Sohn, für jedes "V" entsprechend der rechte Sohn über den Index berechnet

$$M \to k := 2k$$
$$V \to k := 2k + 1$$

Setzt man das Verfahren bis zum Ende der Zeichenkette fort, kann der Name des gesuchten Vorfahren über den so ermittelten Index ausgedruckt werden.

Die Zeichenkette "MVVVM" liefert beispielsweise die Ur-Ur-Urgroßmutter Viktoria, die berühmte Königin von England (1837–1901).

```
100 REM STAMMBAUM
110 :
120 READ N :REM ANZAHL DER GENERATIONEN
130 N1=2↑(N+1)-1 : REM KNOTENZAHL
140 DIM N$(N1)
150 :
160 REM EINLESEN DER NAMEN
170 FOR I=1 TO N1
180 READ N$(I)
190 NEXT I
200 :
210 REM ABFRAGEN DER VORFAHREN
220 PRINT:PRINT"STAMMBAUM VON PRINZ CHARLES"
230 PRINT:PRINT"EINGABE WIE FOLGT:"
240 PRINT"GROSSVATER MUETTERLICHERSEITS "
250 PRINT"ENTSPRICHT MUTTER-VATER"
260 PRINT"EINGABE : MV"
270 PRINT:PRINT
280 INPUT"WELCHER VORFAHRE";V$
290 IF LEN(V$)>N THEN PRINT"NUR";N;"GENERATIONEN":GOTO 230
300 :
310 REM DURCHSUCHEN DES BAUMS
320 K=1
330 FOR I=1 TO LEN(V$)
340 IF MID$(V$,I,1)="V" THEN K=2*K+1:GOTO 370
350 IF MID$(V$,I,1)="M" THEN K=2*K:GOTO 370
360 PRINT"EINGABEFEHLER":GOTO 220
370 NEXT I
380 :
390 REM AUSGABE
400 PRINT"NAME IST: ";N$(K)
410 END
420 :
430 DATA 5
440 DATA CHARLES,ELISABETH II,PHILIP,ELISABETH,GEORGE VI
450 DATA ALICE,ANDREW,CECILIA,CLAUDE,MARY,GEORGE V,VICTORIA
460 DATA LOUIS,OLGA,GEORGE I,CAROLINE,CHARLES,FRANCES
470 DATA CLAUDE,MARY,FRANCIS,ALEXANDRA,EDWARD VII,ALICE
480 DATA LOUIS IV,JULIA,ALEXANDER,ALEXANDRA,KONSTANTIN
490 DATA LOUISE,CHRISTIAN IX,ANNE,EDWYN,ANNE,WILLIAM
500 DATA HENRIETTA,OSWALD,CHARLOTTE,THOMAS,AUGUSTA
510 DATA ALDOLPHUS,CLAUDINE,ALEXANDER,LOUISE,CHRISTIAN IX
520 DATA VICTORIA,ALBERT,VICTORIA,ALBERT,ELISABETH,CHARLES
```

```
530 DATA SOPHIE,MAURICE,WILHELMINA,LOUIS II,LOUISE
540 DATA JOSEPH,CHARLOTTE,NICHOLAS I,LOUISE,WILLIAM
550 DATA LOUISE,WILLIAM
READY.


STAMMBAUM


EINGABE WIE FOLGT:
GROSSVATER MUETTERLICHERSEITS
ENTSPRICHT MUTTER-VATER
EINGABE : MV


WELCHER VORFAHRE? MVVVM
NAME IST: VICTORIA
```

8.3 Optimale Codierung

Eine wichtige Rolle spielen Bäume auch bei der Codierung und Decodierung. Mit Hilfe eines Baums kann sehr viel schneller entschieden werden, ob ein empfangenes Wort ein Codewort ist, als wenn alle Codeworte sequentiell durchsucht werden müßten.

Beim 3-Exzeß-Code zeigt sich schnell, daß 0010 kein Codewort, jedoch 1010 die Codierung von "7" ist.

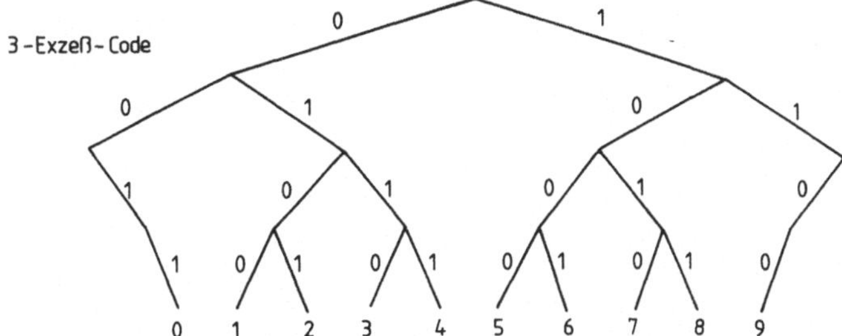

Da beim 3-Exzeß-Code alle Worte aus 4 bit bestehen, ist die mittlere Wortlänge natürlich 4. Treten nicht alle Codeworte mit gleicher Wahrscheinlichkeit auf, so läßt sich die mittlere Codewortlänge verkleinern, indem man den meist gebrauchten Zeichen mit kleinerer Wortlänge codiert.

Nach dem Codierungstheorem von *Shannon* (1948) gibt es für mittlere Codewortlänge L eine untere Schranke H, die sog. Entropie der Nachrichtenquelle:

$$H = \sum_{i=1}^{n} p_i \, \mathrm{ld}\left(\frac{1}{p_i}\right)$$

Dabei ist p_i die Auftretenswahrscheinlichkeit des i-ten Zeichens und ld der Zweierlogarithmus (siehe [1]).

Ein Verfahren zur Bestimmung der optimalen Codewortlänge wurde 1952 von *Huffmann* angegeben. Der Algorithmus wird durch folgendes Struktogramm beschrieben:

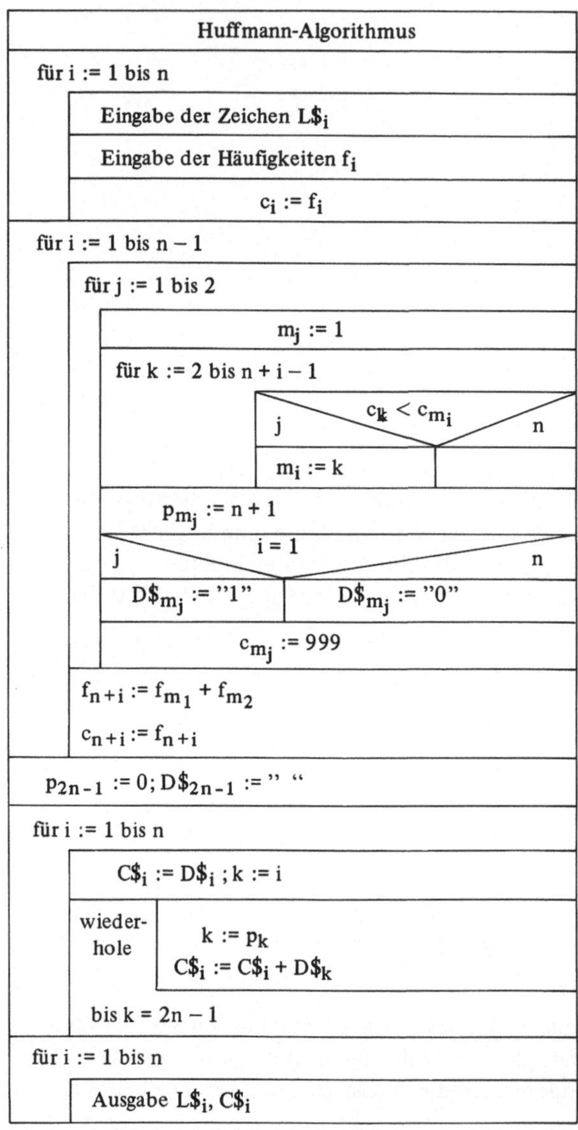

Das BASIC-Programm 8.3 berechnet die optimale Binärcodierung beliebiger Zeichen nach Huffmann. Dabei wird insbesondere von der Verkettung von Zeichen mittels "+", die in BASIC besonders einfach durchzuführen ist, Gebrauch gemacht (siehe Zeile 440).

Die Buchstaben und ihre Häufigkeiten werden in Form von DATA-Werten eingelesen. Die hier benutzten Häufigkeiten — bezogen auf 1000 — entsprechen denen der englischen Sprache.

Die optimale Codierung kann dem Programmausdruck entnommen werden.

```
100 REM OPTIMALE BINAERCODIERUNG
110 :
120 REM EINLESEN DER BUCHSTABEN UND HAEUFIGKEITEN
130 READ N:N1=2*N-1
140 DIM L$(N1),F(N1),C(N1),M(2),P(N1),D$(N1),C$(N1)
150 FOR I=1 TO N
160 READ L$(I),F(I)
170 C(I)=F(I)
180 NEXT I
190 :
200 REM SUCHE NACH DEN 2 KLEINSTEN HAEUFIGKEITEN
210 FOR I=1 TO N-1
220 FOR J=1 TO 2
230 M(J)=1
240 FOR K=2 TO N+I-1
250 IF C(K)<C(M(J)) THEN M(J)=K
260 NEXT K
270 P(M(J))=N+I
280 IF J=1 THEN D$(M(J))="1":GOTO 300
290 D$(M(J))="0"
300 C(M(J))=999
310 NEXT J
320 F(N+I)=F(M(1))+F(M(2))
330 C(N+I)=F(N+I)
340 NEXT I
350 :
360 REM AUFBAUEN DER BAUMS
370 P(2*N-1)=0
380 D$(2*N-1)=" "
390 FOR I=1 TO N
400 C$(I)=D$(I)
410 K=I
420 IF K=2*N-1 THEN 460
430 K=P(K)
440 C$(I)=D$(K)+C$(I)
450 GOTO 420
460 NEXT I
470 :
480 REM AUSGABE
490 PRINT:PRINT"BUCHSTABE   CODIERUNG"
500 FOR I=1 TO N
510 PRINT L$(I),C$(I)
520 NEXT I
530 END
540 :
550 DATA 26
560 DATA A,82,B,14,C,28,D,38,E,131,F,29
570 DATA G,20,H,53,I,63,J,1,K,4,L,34
580 DATA M,25,N,71,O,80,P,20,Q,1,R,68
590 DATA S,61,T,105,U,25,V,9,W,15,X,2
600 DATA Y,20,Z,1
READY.
```

```
OPTIMALE  BINAERCODIERUNG

BUCHSTABE  CODIERUNG
A          0000
B          010111
C          10101
D          00101
E          011
F          10100
G          001000
H          1011
I          1000
J          0010010011
K          00100101
L          01010
M          11101
N          0011
O          0001
P          11111
Q          0010010010
R          0100
S          1001
T          110
U          11100
V          0010011
W          010110
X          0010010000
Y          11110
Z          0010010001
```

9 Heap

Ein Feld h_i ($1 \leqslant i \leqslant n$) auf einem vollständig geordneten Wertebereich heißt Haufen oder Halde (engl. *heap*), wenn gilt

(1) $h_i \leqslant h_{2i}$ für $i = 1, 2, \ldots \left[\dfrac{n}{2}\right]$

(2) $h_i \leqslant h_{2i+1}$ für $i = 1, 2, \ldots \left[\dfrac{n}{2}\right] - 1$

Diese Definition impliziert eine partielle Ordnung. Ein Pfeil von h_i nach h_j im folgenden Graphen bedeutet:

$(h_i \leqslant h_j)$

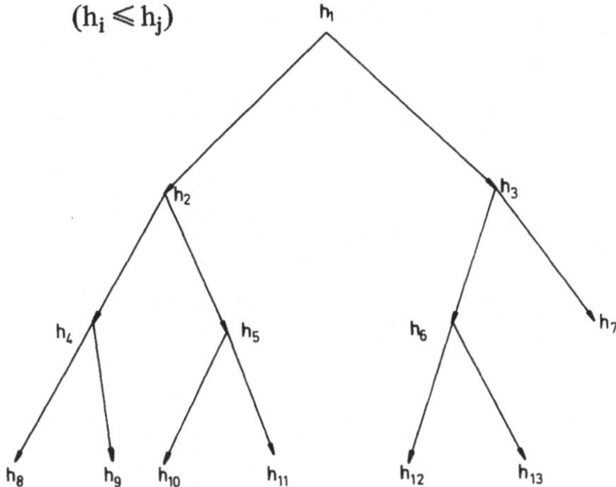

9.1 Heapsort

Heaps können als vollständige Binärbäume aufgefaßt werden. Die hintere Hälfte des Felds (d.h. die Blätter des Baumes) kann bereits als Heap aufgefaßt werden, da es keine weiteren Elemente gibt, die im Widerspruch zur Heapbedingung (1) bzw. (2) stehen. Daher muß noch die vordere Hälfte des Heaps aufgebaut werden. Dazu wird jedes Element an die Wurzel des Baumes gesetzt und wandert dann gemäß den Heapbedingungen auf seinen Platz. Dies wird von der Prozedur *wandern* ausgeführt:

```
procedure wandern;
label      111;
var        i, j: integer;
begin
i: = l; j := 2 * i; x := a [i];
while j < = r do
```

begin
if j < r then if a [j] < a [j + 1] then j := j + 1;
if x > a [j] then goto 111;
*a [i] := a [j]; i := j; j: = 2 * i*
end;
111: a [i] := x
end;

Der Aufbau des Heaps geschieht durch folgendes Programmstück:

l := n div 2 + 1; r := n;
while l > 1 do
begin
l := l – 1; wandern
end;

Zum Sortieren nimmt man jeweils das letzte Element x aus dem Heap und stellt durch
wandern die alte Ordnung wieder her:

while r > 1 do
begin
x := a [l]; a [l] := a [r]; a [r] := x;
r: = r – 1; wandern
end;

Zusammen mit einer geeigneten Aus- und Eingabe-Prozedur erhält man damit das Pascal-
Programm 9.1. Als Programmbeispiel wurden die Zahlen 0 bis 9 sortiert.

Der Heapsort stellt ein effektives Sortierverfahren dar; es stammt von *J. Williams*
(1964). Die Idee des Sortierens „vor Ort" stammt von *R. W. Floyd* (1964).

```
100 program heapsort(output);
110 const   n=10; (* Elementezahl *)
115 type    index=1..n;
120 var     a:array[1..n] of integer;
130 procedure lies_zahlen_ein;
140 begin
150 a[1]:=9;a[2]:=3;a[3]:=5;a[4]:=1;
160 a[5]:=8;a[6]:=0;a[7]:=7;a[8]:=4;
170 a[9]:=2;a[10]:=6
180 end;
190 procedure gib_zahlen_aus;
200 var     k:index;
205 begin
210 for k:=1 to n do write(a[k]:2);
220 writeln
230 end;
240 procedure heapsort;
250 var     l,r:index;x:integer;
260     procedure wandern;
270     label  111;
280     var i,j:integer;
290     begin
300     i:=l;j:=2*i;x:=a[i];
```

```
310        while  j<=r do
320            begin
330            if j<r then
340                    if a[j]<a[j+1] then j:=j+1;
350            if x>=a[j] then goto 111;
360            a[i]:=a[j];i:=j;j:=2*i
370            end;
380        111:a[i]:=x
390        end;
400 begin
410 l:=(n div 2)+1;r:=n;
420 while l>1 do
430        begin
440        l:=l-1;wandern
450        end;
460 while r>1 do
470        begin
480        x:=a[l];a[l]:=a[r];a[r]:=x;
490        r:=r-1;wandern
500        end
510 end;
520 begin (* Hauptprogramm *)
530 lies_zahlen_ein;
540 gib_zahlen_aus;
550 heapsort;
560 gib_zahlen_aus
570 end.


 9 3 5 1 8 0 7 4 2 6

 0 1 2 3 4 5 6 7 8 9
```

10 Graph

Ein gerichteter Graph G = (V, E) besteht aus einer endlichen, nicht-leeren Menge V und Ecken oder Knoten und einer endlichen Menge E von Kanten mit $V \cap E = \emptyset$. G heißt ungerichtet, wenn mit der Kante (V_i, V_j) auch (V_j, V_i) Kanten des Graphen ist.

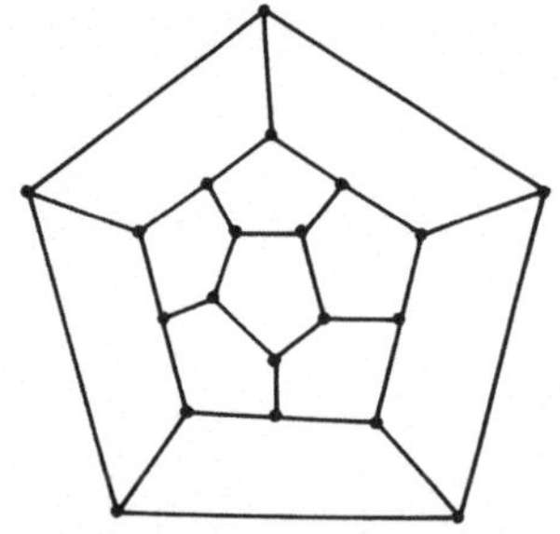

Beispiel eines ungerichteten Graphen:
Projektion eines Dodekaeders auf eine Ebene

Beispiele für gerichtete Graphen sind die bereits bekannten Zustandsgraphen des Zigarettenautomaten (Abschnitt 1), der Waldpopulation (Abschnitt 4) und das Baumdiagramm für Heaps (Abschnitt 9). Graphen sind sehr allgemeine Strukturen, da man jede Relation innerhalb eines Systems als Kantenmenge eines Graphen auffassen kann. Solche Systeme können sein

— Produktionsprozesse
— Verkehrsnetze
— Versorgungsnetze
— Kommunikationssysteme
— Elektrische Schaltungen

usw. Somit kann man auch Bäume und verkettete Listen als spezielle Graphen auffassen.

Schlichte Graphen, d. h. solche ohne Mehrfachkanten, werden im allgemeinen durch Listen und Matrizen realisiert. Eine ausführliche Darstellung findet sich in [5].

Der ungerichtete Graph

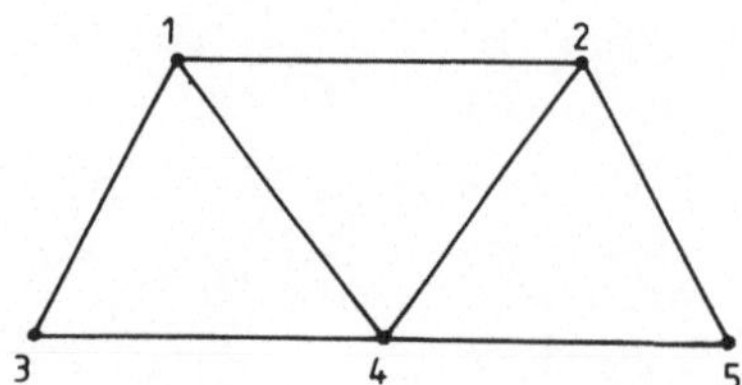

hat die (lineare) Kantenliste

```
1, 3
4, 1
2, 5
3, 4
2, 1
4, 5
4, 2
```

und die (verkettete) Adjazenzliste

Nr.	Knot.	Adj.
1		15
2		19
3		12
4		18
5		17
6	3	0
7	1	0
8	1	0
9	4	6
10	5	0
11	2	0
12	4	7
13	3	8
14	1	10
15	2	9
16	5	13
17	4	11
18	2	16
19	4	14

Die adjazenten Knoten von Knoten 3 findet man unter Nr. 12, dies ist der Knoten 4, die zugehörige Nr. 7 liefert den weiteren Knoten 1; der zugehörige Index ist Null, dies zeigt, daß kein weiterer adjazenter Knoten existiert.

Zwei häufig benützte Matrizen zur Darstellung eines Graphen sind die Adjazenzmatrix A mit

$$a_{ij} = \begin{cases} 1 & \text{falls Knoten i und j eine Kante bilden } i \neq j \\ 0 & \text{andernfalls} \end{cases}$$

und die Inzidenzmatrix I mit

$$i_{jk} = \begin{cases} 1 & \text{falls Knoten j und Kante k indizieren} \\ 0 & \text{andernfalls} \end{cases}$$

Für den ungerichteten Graphen

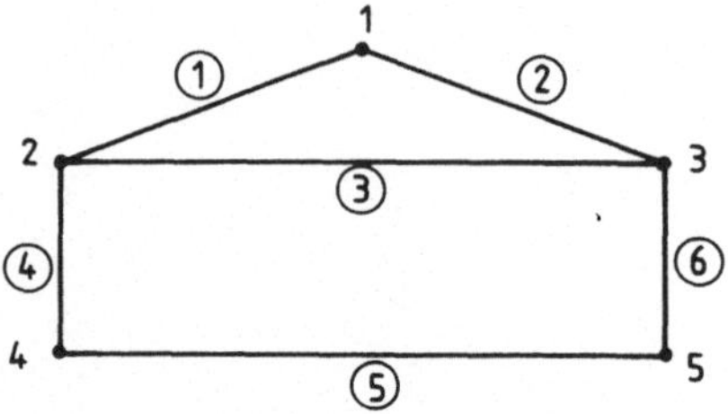

erhält man folgende Adjazenzmatrix

$$A = \begin{pmatrix} 0 & 1 & 1 & 0 & 0 \\ 1 & 0 & 1 & 1 & 0 \\ 1 & 1 & 0 & 0 & 1 \\ 0 & 1 & 0 & 0 & 1 \\ 0 & 0 & 1 & 1 & 0 \end{pmatrix}$$

und die Inzidenzmatrix

$$I = \begin{pmatrix} 1 & 1 & 0 & 0 & 0 & 0 \\ 1 & 0 & 1 & 1 & 0 & 0 \\ 0 & 1 & 1 & 0 & 0 & 1 \\ 0 & 0 & 0 & 1 & 1 & 0 \\ 0 & 0 & 0 & 0 & 1 & 1 \end{pmatrix}$$

Nach Definition sind Adjazenzmatrixen ungerichteter Graphen symmetrisch, Inzidenzmatrixen sind i. a. nichtquadratische Matrizen, da die Zahl der Knoten nicht mit der Zahl der Kanten übereinstimmen muß.

10.1 Mehrstufige Verbindungen in einem Graphen

Eine Fluggesellschaft bietet zwischen 4 Städten folgende Flugverbindungen an:

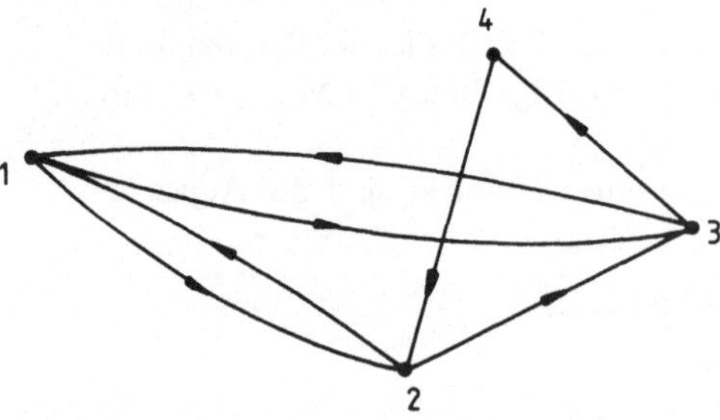

Es besteht keine Verbindung von 2 nach 4, jedoch eine zweistufige Verbindung bei Umsteigen in 3

$$2 \to 3 \to 4$$

und eine dreistufige Verbindung bei Umsteigen in 1 und 3

$$2 \to 1 \to 3 \to 4$$

Nach einem Satz der Graphentheorie ist die Anzahl der m-stufigen Verbindungen von Knoten i nach j gegeben durch das Element a_{ij} der m-ten Potenz A^m der Adjazenzmatrix.

Im BASIC-Programm 10.1 werden die Potenzen der Adjazenzmatrix durch wiederholtes Multiplizieren berechnet. Für das oben genannte Beispiel gilt

$$A = \begin{pmatrix} 0 & 1 & 1 & 0 \\ 1 & 0 & 1 & 0 \\ 1 & 0 & 0 & 1 \\ 0 & 1 & 1 & 0 \end{pmatrix}$$

$$A^2 = \begin{pmatrix} 2 & 0 & 1 & 1 \\ 1 & 1 & 1 & 1 \\ 0 & 2 & 2 & 0 \\ 2 & 0 & 1 & 1 \end{pmatrix}$$

$$A^3 = \begin{pmatrix} 1 & 3 & 3 & 1 \\ 2 & 2 & 3 & 1 \\ 4 & 0 & 2 & 2 \\ 1 & 3 & 3 & 1 \end{pmatrix}$$

(vgl. Programmausdruck). Da die Elemente a_{24} von A^2 und A^3 jeweils 1 sind, wird bestätigt, daß es nur eine 2- bzw. 3-stufige Verbindung von 2 nach 4 gibt.

```
100 REM MEHRSTUFIGE VERBINDUNGEN IN GRAPHEN
110 :
120 READ N :REM ANZAHL DER KNOTEN
130 READ M :REM STUFENZAHL DER VERBINDUNGEN
140 DIM A(N,N),B(N,N),C(N,N)
150 REM EINLESEN DER ADJAZENZMATRIX
160 FOR I=1 TO N
170 FOR J=1 TO N
180 READ A(I,J)
190 B(I,J)=A(I,J)
200 NEXT J
210 NEXT I
220 :
230 T=2
240 FOR I=1 TO N
250 FOR J=1 TO N
260 S=0
270 FOR K=1 TO N
280 S=S+A(I,K)*B(K,J)
290 NEXT K
300 C(I,J)=S
310 NEXT J
320 NEXT I
330 :
340 PRINT T;"STUFIGE VERBINDUNGEN"
350 FOR I=1 TO N
360 FOR J=1 TO N
```

```
 370 B(I,J)=C(I,J)
 380 PRINT B(I,J);
 390 NEXT J:PRINT
 400 NEXT I
 410 PRINT
 420 :
 430 T=T+1
 440 IF T<=M THEN 240
 450 END
 460 :
 470 DATA 4,3
 480 DATA 0,1,1,0
 490 DATA 1,0,1,0
 500 DATA 1,0,0,1
 510 DATA 0,1,1,0
READY.


MEHRSTUF. VERBINDUNGEN


2 STUFIGE VERBINDUNGEN
 2   0   1   1
 1   1   1   1
 0   2   2   0
 2   0   1   1

3 STUFIGE VERBINDUNGEN
 1   3   3   1
 2   2   3   1
 4   0   2   2
 1   3   3   1
```

Literaturverzeichnis

[1] *Bauer, F. L., Goos, G.:* Informatik I. Berlin, Heidelberg, New York: Springer-Verlag, 1972

[2] *Bauer, F. L., Wössner, H.:* Algorithmische Sprache und Programmentwicklung. Berlin, Heidelberg, New York: Springer-Verlag, 1981

[3] *Dahnke, H., Harbeck, G. u. a.:* Wie arbeitet ein Computer? Band 2: Rechenwerke. Braunschweig. Vieweg Verlag, 1975

[4] *Denert, E., Frank, R.:* Datenstrukturen. Mannheim, Zürich: Bibliographisches Institut, 1977

[5] *Ebert, J.:* Effiziente Graphenalgorithmen. Wiesbaden: Akademische Verlagsgesellschaft, 1981

[6] *Knuth, D. E.:* The Art of Computer Programming, Volume 3: Sorting and Searching. Amsterdam, London: 1973

[7] *Maurer, H.:* Datenstrukturen und Programmierverfahren. Stuttgart: B. G. Teubner Verlag, 1974

[8] *Mühlbacher, J.:* Datenstrukturen. München, Wien: Carl Hanser Verlag, 1975

[9] *Noltemeier, H.:* Informatik III: Einführung in Datenstrukturen. München, Wien: Carl Hanser Verlag, 1982

[10] *Perl, J.:* Rekursive Programmierung. München, Wien: Carl Hanser Verlag, 1979

[11] *Schmitt, A.:* Automaten-Algorithmen-Gehirne. Frankfurt a. M.: Suhrkamp Verlag, 1971

[12] *Wirth, N.:* Algorithmen und Datenstrukturen. Stuttgart: B. G. Teubner Verlag, 1979